JEA

Le condamné
à mort

et autres poèmes

suivi de

Le funambule

GALLIMARD

Le condamné à mort

à
Maurice
PILORGE
assassin de
vingt ans

LE VENT qui roule un cœur sur le pavé des cours,
Un ange qui sanglote accroché dans un arbre,
La colonne d'azur qu'entortille le marbre
Font ouvrir dans ma nuit des portes de secours.

Un pauvre oiseau qui meurt et le goût de la cendre,
Le souvenir d'un œil endormi sur le mur,
Et ce poing douloureux qui menace l'azur
Font au creux de ma main ton visage descendre.

Ce visage plus dur et plus léger qu'un masque
Est plus lourd à ma main qu'aux doigts du receleur
Le joyau qu'il empoche ; il est noyé de pleurs.
Il est sombre et féroce, un bouquet vert le casque.

Ton visage est sévère : il est d'un pâtre grec.
Il reste frémissant au creux de mes mains closes.
Ta bouche est d'une morte où tes yeux sont des roses,
Et ton nez d'un archange est peut-être le bec.

Le gel étincelant d'une pudeur méchante
Qui poudrait tes cheveux de clairs astres d'acier,
Qui couronnait ton front d'épines du rosier
Quel haut-mal l'a fondu si ton visage chante ?

Dis-moi quel malheur fou fait éclater ton œil
D'un désespoir si haut que la douleur farouche,
Affolée, en personne, orne ta ronde bouche
Malgré tes pleurs glacés, d'un sourire de deuil ?
Ne chante pas ce soir les « Costauds de la Lune ».
Gamin d'or sois plutôt princesse d'une tour
Rêvant mélancolique à notre pauvre amour ;
Ou sois le mousse blond qui veille à la grand'hune.

Il descend vers le soir pour chanter sur le pont
Parmi les matelots à genoux et nu-tête
« L'Ave Maris stella ». Chaque marin tient prête
Sa verge qui bondit dans sa main de fripon.

Et c'est pour t'emmancher, beau mousse d'aventure,
Qu'ils bandent sous leur froc les matelots musclés.
Mon Amour, mon Amour, voleras-tu les clés
Qui m'ouvriront le ciel où tremble la mâture

D'où tu sèmes, royal, les blancs enchantements,
Qui neigent sur mon page, en ma prison muette :
L'épouvante, les morts dans les fleurs de violette,
La mort avec ses coqs ! Ses fantômes d'amants !

Sur ses pieds de velours passe un garde qui rôde.
Repose en mes yeux creux le souvenir de toi.
Il se peut qu'on s'évade en passant par le toit.
On dit que la Guyane est une terre chaude.

Ô la douceur du bagne impossible et lointain !
Ô le ciel de la Belle, ô la mer et les palmes,
Les matins transparents, les soirs fous, les nuits calmes,
Ô les cheveux tondus et les Peaux-de-Satin.

Rêvons ensemble, Amour, à quelque dur amant
Grand comme l'Univers mais le corps taché d'ombres.
Il nous bouclera nus dans ces auberges sombres,
Entre ses cuisses d'or, sur son ventre fumant,

Un mac éblouissant taillé dans un archange
Bandant sur les bouquets d'œillets et de jasmins
Que porteront tremblant tes lumineuses mains
Sur son auguste flanc que ton baiser dérange.

Tristesse dans ma bouche ! Amertume gonflant
Gonflant mon pauvre cœur ! Mes amours parfumées
Adieu vont s'en aller ! Adieu couilles aimées !
Ô sur ma voix coupée adieu chibre insolent !

Gamin, ne chantez pas, posez votre air d'apache !
Soyez la jeune fille au pur cou radieux,
Ou si tu n'as de peur l'enfant mélodieux
Mort en moi bien avant que me tranche la hache.

Enfant d'honneur si beau couronné de lilas !
Penche-toi sur mon lit, laisse ma queue qui monte
Frapper ta joue dorée. Écoute, il te raconte,
Ton amant l'assassin sa geste en mille éclats.

Il chante qu'il avait ton corps et ton visage,
Ton cœur que n'ouvriront jamais les éperons
D'un cavalier massif. Avoir tes genoux ronds !
Ton cou frais, ta main douce, ô môme avoir ton âge !

Voler voler ton ciel éclaboussé de sang
Et faire un seul chef-d'œuvre avec les morts cueillies
Çà et là dans les prés, les haies, morts éblouies
De préparer sa mort, son ciel adolescent...

Les matins solennels, le rhum, la cigarette...
Les ombres du tabac, du bagne et des marins
Visitent ma cellule où me roule et m'étreint
Le spectre d'un tueur à la lourde braguette.

LA CHANSON qui traverse un monde ténébreux
C'est le cri d'un marlou porté par ta musique,
C'est le chant d'un pendu raidi comme une trique.
C'est l'appel enchanté d'un voleur amoureux.

Un dormeur de seize ans appelle des bouées
Que nul marin ne lance au dormeur affolé.
Un enfant reste droit, contre le mur collé.
Un autre dort bouclé dans ses jambes nouées.

J'AI TUÉ pour les yeux bleus d'un bel indifférent
Qui jamais ne comprit mon amour contenue,
Dans sa gondole noire une amante inconnue,
Belle comme un navire et morte en m'adorant.

Toi quand tu seras prêt, en arme pour le crime,
Masqué de cruauté, casqué de cheveux blonds,
Sur la cadence folle et brève des violons
Égorge une rentière en amour pour ta frime.

Apparaîtra sur terre un chevalier de fer
Impassible et cruel, visible malgré l'heure
Dans le geste imprécis d'une vieille qui pleure.
Ne tremble pas surtout devant son regard clair.

Cette apparition vient du ciel redoutable
Des crimes de l'amour. Enfant des profondeurs
Il naîtra de son corps d'étonnantes splendeurs,
Du foutre parfumé de sa queue adorable.

Rocher de granit noir sur le tapis de laine,
Une main sur sa hanche, écoute-le marcher.
Marche vers le soleil de son corps sans péché,
Et t'allonge tranquille au bord de sa fontaine.

Chaque fête du sang délègue un beau garçon
Pour soutenir l'enfant dans sa première épreuve.
Apaise ta frayeur et ton angoisse neuve.
Suce mon membre dur comme on suce un glaçon.

Mordille tendrement le paf qui bat ta joue,
Baise ma queue enflée, enfonce dans ton cou
Le paquet de ma bite avalé d'un seul coup.
Étrangle-toi d'amour, dégorge, et fais ta moue !

Adore à deux genoux, comme un poteau sacré,
Mon torse tatoué, adore jusqu'aux larmes
Mon sexe qui se rompt, te frappe mieux qu'une arme,
Adore mon bâton qui va te pénétrer.

Il bondit sur tes yeux ; il enfile ton âme,
Penche un peu la tête et le vois se dresser.
L'apercevant si noble et si propre au baiser
Tu t'inclines très bas en lui disant : « Madame ! »

Madame écoutez-moi ! Madame on meurt ici !
Le manoir est hanté ! La prison vole et tremble !
Au secours, nous bougeons ! Emportez-nous ensemble,
Dans votre chambre au ciel, Dame de la merci !

Appelez le soleil, qu'il vienne et me console.
Étranglez tous ces coqs ! Endormez le bourreau !
Le jour sourit mauvais derrière mon carreau.
La prison pour mourir est une fade école.

SUR MON COU sans armure et sans haine, mon cou
Que ma main plus légère et grave qu'une veuve
Effleure sous mon col, sans que ton cœur s'émeuve,
Laisse tes dents poser leur sourire de loup.

Ô viens mon beau soleil, ô viens ma nuit d'Espagne,
Arrive dans mes yeux qui seront morts demain.
Arrive, ouvre ma porte, apporte-moi ta main,
Mène-moi loin d'ici battre notre campagne.

Le ciel peut s'éveiller, les étoiles fleurir,
Ni les fleurs soupirer, et des prés l'herbe noire
Accueillir la rosée où le matin va boire,
Le clocher peut sonner : moi seul je vais mourir.

Ô viens mon ciel de rose, ô ma corbeille blonde !
Visite dans sa nuit ton condamné à mort.
Arrache-toi la chair, tue, escalade, mords,
Mais viens ! Pose ta joue contre ma tête ronde.

Nous n'avions pas fini de nous parler d'amour.
Nous n'avions pas fini de fumer nos gitanes.
On peut se demander pourquoi les Cours condamnent
Un assassin si beau qu'il fait pâlir le jour.

Amour viens sur ma bouche ! Amour ouvre tes portes !
Traverse les couloirs, descends, marche léger,
Vole dans l'escalier plus souple qu'un berger,
Plus soutenu par l'air qu'un vol de feuilles mortes.

Ô traverse les murs ; s'il le faut marche au bord
Des toits, des océans ; couvre-toi de lumière,
Use de la menace, use de la prière,
Mais viens, ô ma frégate, une heure avant ma mort.

LES ASSASSINS du mur s'enveloppent d'aurore
Dans ma cellule ouverte au chant des hauts sapins,
Qui la berce, accrochée à des cordages fins
Noués par des marins que le clair matin dore.

Qui grava dans le plâtre une Rose des Vents ?
Qui songe à ma maison, du fond de sa Hongrie ?
Quel enfant s'est roulé sur ma paille pourrie
À l'instant du réveil d'amis se souvenant ?

Divague ma Folie, enfante pour ma joie
Un consolant enfer peuplé de beaux soldats,
Nus jusqu'à la ceinture, et des frocs résédas
Tire ces lourdes fleurs dont l'odeur me foudroie.

Arrache on ne sait d'où les gestes les plus fous.
Dérobe des enfants, invente des tortures,
Mutile la beauté, travaille les figures,
Et donne la Guyane aux gars pour rendez-vous.

Ô mon vieux Maroni, ô Cayenne la douce !
Je vois les corps penchés de quinze à vingt fagots
Autour du mino blond qui fume les mégots
Crachés par les gardiens dans les fleurs et la mousse.

Un clop mouillé suffit à nous désoler tous.
Dressé seul au-dessus des rigides fougères
Le plus jeune est posé sur ses hanches légères
Immobile, attendant d'être sacré l'époux.

Et les vieux assassins se pressant pour le rite
Accroupis dans le soir tirent d'un bâton sec
Un peu de feu que vole, actif, le petit mec
Plus émouvant et pur qu'une émouvante bite.

Le bandit le plus dur, dans ses muscles polis
Se courbe de respect devant ce gamin frêle.
Monte la lune au ciel. S'apaise une querelle.
Bougent du drapeau noir les mystérieux plis.

T'enveloppent si fin, tes gestes de dentelle !
Une épaule appuyée au palmier rougissant
Tu fumes. La fumée en ta gorge descend
Tandis que les bagnards, en danse solennelle,

Graves, silencieux, à tour de rôle, enfant,
Vont prendre sur ta bouche une goutte embaumée,
Une goutte, pas deux, de la ronde fumée
Que leur coule ta langue. Ô frangin triomphant,

Divinité terrible, invisible et méchante,
Tu restes impassible, aigu, de clair métal,
Attentif à toi seul, distributeur fatal
Enlevé sur le fil de ton hamac qui chante.

Ton âme délicate est par-delà les monts
Accompagnant encore la fuite ensorcelée
D'un évadé du bagne, au fond d'une vallée
Mort, sans penser à toi, d'une balle aux poumons.

Élève-toi dans l'air de la lune, ô ma gosse.
Viens couler dans ma bouche un peu de sperme lourd
Qui roule de ta gorge à mes dents, mon Amour,
Pour féconder enfin nos adorables noces.

Colle ton corps ravi contre le mien qui meurt
D'enculer la plus tendre et douce des fripouilles.
En soupesant charmé tes rondes, blondes couilles,
Mon vit de marbre noir t'enfile jusqu'au cœur.

Ô vise-le dressé dans son couchant qui brûle
Et va me consumer ! J'en ai pour peu de temps,
Si vous l'osez, venez, sortez de vos étangs,
Vos marais, votre boue où vous faites des bulles.

Âmes de mes tués ! Tuez-moi ! Brûlez-moi !
Michel-Ange exténué, j'ai taillé dans la vie
Mais la beauté, Seigneur, toujours je l'ai servie,
Mon ventre, mes genoux, mes mains roses d'émoi.

Les coqs du poulailler, l'alouette gauloise,
Les boîtes du laitier, une cloche dans l'air,
Un pas sur le gravier, mon carreau blanc et clair,
C'est le luisant joyeux sur la prison d'ardoise.

Messieurs, je n'ai pas peur ! Si ma tête roulait
Dans le son du panier avec ta tête blanche,
La mienne par bonheur sur ta gracile hanche
Ou pour plus de beauté, sur ton cou, mon poulet...

Attention ! Roi tragique à la bouche entr'ouverte
J'accède à tes jardins de sable désolés,
Où tu bandes, figé, seul, et deux doigts levés,
D'un voile de lin bleu ta tête recouverte

Par un délire idiot je vois ton double pur !
Amour ! Chanson ! Ma reine ! Est-ce un spectre mâle
Entrevu lors des jeux dans ta prunelle pâle
Qui m'examine ainsi sur le plâtre du mur ?

Ne sois pas rigoureux, laisse chanter matine
À ton cœur bohémien ; m'accorde un seul baiser...
Mon Dieu, je vais claquer sans te pouvoir presser
Dans ma vie une fois sur mon cœur et ma pine !

PARDONNEZ-MOI mon Dieu parce que j'ai péché !
Les larmes de ma voix, ma fièvre, ma souffrance,
Le mal de m'envoler du beau pays de France,
N'est-ce assez, mon Seigneur, pour aller me coucher.
      Trébuchant d'espérance

Dans vos bras embaumés, dans vos châteaux de neige !
Seigneur des lieux obscurs, je sais encore prier.
C'est moi mon père, un jour, qui me suis écrié :
Gloire au plus haut du ciel au dieu qui me protège,
      Hermès au tendre pied !

Je demande à la mort la paix, les longs sommeils,
Le chant des séraphins, leurs parfums, leurs guirlandes,
Les angelots de laine en chaudes houppelandes,
Et j'espère des nuits sans lunes ni soleils
      Sur d'immobiles landes.

Ce n'est pas ce matin que l'on me guillotine.
Je peux dormir tranquille. À l'étage au-dessus
Mon mignon paresseux, ma perle, mon Jésus
S'éveille. Il va cogner de sa dure bottine
      À mon crâne tondu.

IL PARAÎT qu'à côté vit un épileptique.
La prison dort debout au noir d'un chant des morts.
Si des marins sur l'eau voient s'avancer les ports,
Mes dormeurs vont s'enfuir vers une autre Amérique.

J'ai dédié ce poème à la mémoire de mon ami Maurice Pilorge dont le corps et le visage radieux hantent mes nuits sans sommeil. En esprit je revis avec lui les quarante derniers jours qu'il passa, les chaînes aux pieds et parfois aux poignets, dans la cellule des condamnés à mort de la prison de Saint-Brieuc. Les journaux manquent d'à-propos. Ils conçurent d'imbéciles articles pour illustrer sa mort qui coïncidait avec l'entrée en fonction du bourreau Desfourneaux. Commentant l'attitude de Maurice devant la mort, le journal L'Œuvre dit : « Que cet enfant eût été digne d'un autre destin. »

Bref on le ravala. Pour moi, qui l'ai connu et qui l'ai aimé, je veux ici, le plus doucement possible, tendrement, affirmer qu'il fut digne, par la double et unique splendeur de son âme et de son corps, d'avoir le bénéfice d'une telle mort. Chaque matin, quand j'allais, grâce à la complicité d'un gardien ensorcelé par sa beauté, sa jeunesse et son agonie d'Apollon, de ma cellule à la sienne, pour lui porter quelques cigarettes, levé tôt il fredonnait et me saluait ainsi, en souriant : « Salut, Jeannot-du-Matin ! »

Originaire du Puy-de-Dôme, il avait un peu l'accent d'Au-vergne. Les jurés, offensés par tant de grâce, stupides mais pour-tant prestigieux dans leur rôle de Parques, le condamnèrent à vingt ans de travaux forcés pour cambriolage de villas sur la côte et, le lendemain, parce qu'il avait tué son amant Escudero pour lui voler moins de mille francs, cette même cour d'assises condamnait mon ami Maurice Pilorge à avoir la tête tranchée. Il fut exécuté le 17 mars 1939 à Saint-Brieuc.

Marche funèbre

I

IL RESTE un peu de nuit dans un angle à croupir.
Étincelle en coups durs dans notre ciel timide
(Les arbres du silence accrochent des soupirs)
Une rose de gloire au sommet de ce vide.

Perfide est le sommeil où la prison m'emporte
Et plus obscurément dans mes couloirs secrets
Éclairant les marins qui font de belles mortes
Ce gars hautain qui passe au fond de ses forêts.

II

C'EST EN MOI qu'il me boucle et c'est jusqu'à perpète
          Ce gâfe de vingt ans !
Un seul geste son œil, ses cheveux dans les dents :
Mon cœur s'ouvre et le gâfe avec un cri de fête
          M'emprisonne dedans.

À peine refermée avec trop de bonté
      Cette porte méchante
Que déjà tu reviens. Ta perfection me hante
Et j'entends notre amour aujourd'hui raconté
      Par ta bouche qui chante.

Ce tango poignardé que la cellule écoute,
      Ce tango des adieux.
Est-ce toi monseigneur sur cet air radieux ?
Ton âme aura coupé par de secrètes routes
      Pour échapper aux dieux.

III

QUAND TU DORS des chevaux déferlent dans la nuit
Sur ta poitrine plate et le galop des bêtes
Écarte la ténèbre où le sommeil conduit
Sa puissante machine arrachée à ma tête
      Et sans le moindre bruit

Le sommeil fait fleurir de tes pieds tant de branches
Que j'ai peur de mourir étouffé par leurs cris.
Que déchiffre au défaut de ta fragile hanche
Avant qu'il ne s'efface un pur visage écrit
      En bleu sur ta peau blanche.

Mais qu'un gâfe t'éveille ô mon tendre voleur
Quand tu laves tes mains ces oiseaux qui voltigent
Autour de ton bosquet chargé de mes douleurs
Tu casses avec douceur des étoiles la tige
      Sur ton visage en pleurs.

Ta dépouille funèbre a des poses de gloire
Ta main qui la jetait la semant de rayons.
Ton maillot, ta chemise et ta ceinture noire
Étonnent ma cellule et me laissent couillon
      Devant un bel ivoire

IV

BELLES NUITS du plein jour
Ténèbres de Pilorge
C'est dans vos noirs détours
Mon couteau que l'on forge.

Mon Dieu me voici nu
Dans mon terrible Louvre.
À peine reconnu
Que ton poing fermé m'ouvre

Je ne suis plus qu'amour
Toutes mes branches brûlent
Si j'obscurcis le jour
En moi l'ombre recule.

Il se peut qu'à l'air pur
Mon corps sec tombe en poudre
Posé contre le mur
J'ai l'éclat de la foudre.

Le cœur de mon soleil
Le chant du coq le crève
Mais jamais le sommeil
N'ose y verser ses rêves.

Séchant selon mes vœux
Je fixe le silence
Quand des oiseaux de feu
De mon arbre s'élancent.

V

DES DAMES que l'on croit de nature cruelle
Leurs pages messagers portent des ornements.
Ils se lèvent la nuit ces rôdeurs de ruelle
Et sur un signe d'eux vous partez hardiment.

Or tel gosse vibrant dans sa robe de grâce
Me fut l'ange envoyé dont je suivais confus
Par la course affolé la lumineuse trace
Jusqu'à cette cellule où luisait son refus.

VI

QUAND J'AI VOULU chanter d'autres gammes que lui
Ma plume s'embrouillant dans les rais de lumière
D'un mot vertigineux la tête la première
Stupide je tombais par cette erreur conduit
      Au fond de son ornière.

VII

RIEN NE TROUBLERA plus l'éternelle saison
Où je me trouve pris. L'eau de la solitude
Immobile me garde et remplit la prison.
J'ai vingt ans pour toujours et malgré votre étude.

Pour te plaire ô gamin d'une sourde beauté
Je resterai vêtu jusqu'à ce que je meure
Et ton âme quittant ton corps décapité
Troublera dans mon corps une blanche demeure.

Ô savoir que tu dors sous mon modeste toit !
Tu parles par ma bouche et par mes yeux regardes
Cette chambre est la tienne et mes vers sont de toi.
Revis ce qu'il te plaît car je monte la garde.

VIII

PEUT-ÊTRE c'était toi le démon qui pleurait
     Derrière ma muraille ?
Revenu parmi nous plus preste qu'un furet
     Ma divine canaille.

Le sort détruit encor par un nouveau trépas
     Nos amours désolées
Car c'était encor toi Pilorge ne mens pas
     Que ces Ombres volées !

IX

L'ENFANT que je cherchais épars sur tant de gosses
Est mort dans son lit seul comme un prince royal.
Hésitant sur l'orteil une grâce le chausse
Et recouvre son corps d'un étendard loyal.

À la douceur d'un geste où s'accroche une rose
Je reconnais la main dévalisant les morts !
Seul tu fis ces travaux qu'un soldat même n'ose
Et tu descends chez eux sans craintes ni remords.

Comme ton corps un maillot noir gantait ton âme
Et quand tu profanais le tombeau désigné
Tu découpais avec la pointe d'une lame
La ligne d'un rébus par la foudre aligné.

Nous t'avons vu surgir porté par la folie
Aux couronnes de fer accroché par les tifs
Dans cette bave en perle et les roses salies
Les bras entortillés d'avoir été pris vif.

À peine revenu nous porter ton sourire
Et tu disparaissais si vite que j'ai cru
Que ta grâce endormie avait sans nous le dire
Pour un autre visage autres ciels parcouru.

De ton corps bien taillé sur un enfant qui passe
J'entrevois les éclats je lui veux te parler
Mais un geste de lui subtil de lui t'efface
Et te plonge en mes vers d'où tu ne peux filer.

Quel ange a donc permis qu'à travers les solides
Tu passes sans broncher fendant l'air de ta main
Hélice délicate à l'avant d'un bolide
Qui trace et qui détruit son précieux chemin ?

Nous étions désolés par ta fuite légère.
Un tête à queue brillant te mettait dans nos bras.
Tu bécotais nos cous et tu nous voulais plaire
Et ta main pardonnait à tous ces cheveux ras.

Mais tu n'apparais plus gosse blond que je cherche.
Je tombe dans un mot et t'y vois à l'envers.
Tu t'éloignes de moi un vers me tend la perche.
D'une ronce de cris je m'égare à travers.

Pour te saisir le Ciel fit de sublimes pièges
Féroces et nouveaux œuvrant avec la Mort
Qui surveillait du haut d'un invisible siège
Les cordes et les nœuds sur des bobines d'or.

Il se servit encor du trajet des abeilles
Il dévida si long de rayons et de fil
Qu'il fit captive enfin cette rose merveille :
Un visage d'enfant qui s'offrait de profil.

Ce jeu s'il est cruel je n'oserais m'en plaindre
Un chant de désespoir en crevant ton bel œil
S'affola de te voir par tant d'horreur étreindre
Et ce chant pour mille ans fit vibrer ton cercueil.

Pris aux pièges des dieux étranglé par leur soie
Tu es mort sans savoir ni pourquoi ni comment.
Tu triomphes de moi mais perds au jeu de l'oie
Où je t'ose forcer mon fugitif amant.

Malgré les soldats noirs qui baisseront leurs lances
Tu ne peux fuir du lit où le masque de fer
T'immobilise raide et soudain tu t'élances
Retombes sans bouger et reviens en enfer.

X

MON CACHOT bien-aimé dans ton ombre mouvante
Mon œil a découvert par mégarde un secret.
J'ai dormi des sommeils que le monde ignorait
    Où se noue l'épouvante.

Tes couloirs ténébreux sont méandres du cœur
Et leur masse de rêve organise en silence
Un mécanisme ayant du vers la ressemblance
    Et l'exacte rigueur.

Ta nuit laisse couler de mon œil et ma tempe
Un flot d'encre si lourd qu'elle en fera sortir
Des étoiles de fleurs comme on le voit d'un tir
    La plume que j'y trempe.

J'avance dans un noir liquide où des complots
Informes tout d'abord lentement se précisent.
Qu'hurlerais-je au secours ? Tous mes gestes se brisent
    Et mes cris sont trop beaux.

Vous ne saurez jamais de ma sourde détresse
Que d'étranges beautés que révèle le jour.
Les voyous que j'écoute après leurs mille tours
    À l'air libre se pressent.

Ils dépêchent sur terre un doux ambassadeur
Un enfant sans regard qui marque son passage
En crevant tant de peaux que son joyeux message
   Y gagne sa splendeur.

Vous pâlissez de honte à lire le poème
Qu'inscrit l'adolescent aux gestes criminels
Mais vous ne saurez rien des nœuds originels
   De ma sombre véhème.

Car les parfums roulant dans sa nuit sont trop forts.
Il signera Pilorge et son apothéose
Sera l'échafaud clair d'où jaillissent les roses
   Bel effet de la Mort.

XI

LE HASARD fit sortir — le plus grand ! des hasards
Trop souvent de ma plume au cœur de mes poèmes
La Rose avec le mot de Mort qu'à leurs brassards
En blanc portent brodé les noirs guerriers que j'aime.

Quel jardin peut fleurir tout au fond de ma nuit
Et quels jeux douloureux s'y livrent qu'ils effeuillent
Cette rose coupée et qui monte sans bruit
Jusqu'à la page blanche où vos rires l'accueillent.

Mais si je ne sais rien de précis sur la Mort
D'avoir tant parlé d'elle et sur le mode grave
Elle doit vivre en moi pour surgir sans effort
Au moindre de mes mots s'écouler de ma bave.

Je ne connais rien d'elle, on dit que sa beauté
Use l'éternité par son pouvoir magique
Mais ce pur mouvement éclate de ratés
Et trahit les secrets d'un désordre tragique.

Pâle de se mouvoir dans un climat de pleurs
Elle vient les pieds nus explosant par bouffées
À ma surface même où ces bouquets de fleurs
M'apprennent de la Mort des douceurs étouffées.

Je m'abandonnerai belle Mort à ton bras
Car je sais retrouver l'émouvante prairie
De mon enfance ouverte et tu me conduiras
Auprès de l'étranger à la verge fleurie.

Et fort de cette force ô reine je serai
Le ministre secret de ton théâtre d'ombres.
Douce Mort prenez-moi me voici préparé
En route à mi-chemin de votre ville sombre.

XII

SUR UN MOT ma voix bute et du choc tu jaillis
Au miracle si prompt que joyeux à tes crimes !
Qui donc s'étonnera que je pose mes limes
Pour éprouver à fond du verbe les taillis ?

Mes amis qui veillez pour me passer des cordes
Autour de la prison sur l'herbe endormez-vous.
De votre amitié même et de vous je m'en fous.
Je garde ce bonheur que les juges m'accordent.

Est-ce toi autre moi sans tes souliers d'argent
Salomé qui m'apporte une rose coupée ?
Cette rose saignante enfin développée
De son linge est la sienne ou la tête de Jean ?

Pilorge réponds-moi ! Fais bouger ta paupière
Parle-moi de travers chante par ton gosier
Tranché par tes cheveux tombe de ton rosier
Mot à mot ô ma Rose entre dans ma prière !

XIII

OÙ SANS VIEILLIR je meurs je t'aime ô ma prison.
La vie de moi s'écoule à la mort enlacée.
Leur valse lente et lourde à l'envers est dansée
Chacune dévidant sa sublime raison
        L'une à l'autre opposée.

J'ai trop de place encor ce n'est pas mon tombeau
Trop grande est ma cellule et pure ma fenêtre.
Dans la nuit prénatale attendant de renaître
Je me laisse vivant par un signe plus haut
      De la Mort reconnaître.

À tout autre qu'au Ciel je ferme pour toujours
Ma porte et je n'accorde une minute amie
Qu'aux très jeunes voleurs dont mon oreille épie
De quel cruel espoir l'appel à mon secours
      Dans leur chanson finie.

Mon chant n'est pas truqué si j'hésite souvent
C'est que je cherche loin sous mes terres profondes
Et j'amène toujours avec les mêmes sondes
Les morceaux d'un trésor enseveli vivant
      Dès les débuts du monde.

Si vous pouviez me voir sur ma table penché
Le visage défait par ma littérature
Vous sauriez que m'écœure aussi cette aventure
Effrayante d'oser découvrir l'or caché
      Sous tant de pourriture.

Une aurore joyeuse éclate dans mon œil
Pareille au matin clair qu'un tapis sur les dalles
Pour étouffer ta marche à travers les dédales
Des couloirs suffoqués l'on posa de ton seuil
      Aux portes matinales.

La galère

UN FORÇAT délivré dur et féroce lance
Un chiourme dans le pré mais d'une fleur de lance
Le marlou Croix du Sud l'assassin Pôle Nord
Aux oreilles d'un autre ôtent ses boucles d'or.
Les plus beaux sont fleuris d'étranges maladies.
Leur croupe de guitare éclate en mélodies.
L'écume de la mer nous mouille de crachats.
Sommes-nous remontés des gorges d'un pacha ?

On parle de me battre et j'écoute vos coups.
Qui me roule Harcamone et dans vos plis me coud ?

Harcamone aux bras verts haute reine qui vole
Sur ton odeur nocturne et les bois éveillés
Par l'horreur de son nom ce bagnard endeuillé
Sur ma galère chante et son chant me désole.

Les rameaux alourdis par la chaîne et la honte
Les marles les forbans ces taureaux de la mer
Ouvragé par mille ans ton geste les raconte
Et le silence avec la nuit de ton œil clair.

Les armes de ces nuits par les fils de la mort
Portées mes bras cloués de vin l'azur qui sort
De naseaux traversés par la rose égarée
Où tremble sous la feuille une biche dorée…
Je m'étonne et m'égare à poursuivre ton cours
Étonnant fleuve d'eau des veines du discours !

Empeste mon palais de ces durs que tu gardes
Dans tes cheveux bouclés sur deux bras repliés
Ouvre ton torse d'or et que je les regarde
Embaumés par le sel dans ton coffre liés.

Entr'ouverts ces cercueils ornés de fleurs mouillées
Une lampe y demeure et veille mes noyées.

Fais un geste Harcamone allonge un peu ton bras
Montre-moi ce chemin par où tu t'enfuiras
Mais tu dors si tu meurs et rejoins cette folle
Où libres de leurs fers les galériens s'envolent.
Ils regagnent des ports titubants de vins chauds
Des prisons comme moi de merveilleux cachots.

Ces pets mélodieux où vous emmitouflez
Cellule un bouquet vert de macs frileux et tendres
La narine gonflée il faudra les attendre
Et gagner transporté dans leurs chariots voilés

Mon enfance posée à peine sur la nuit
De papiers enflammés et mêler cette soie
À la rousse splendeur qu'un grand marlou déploie
Du vent calme et lointain qui de son corps s'enfuit.

Pourtant la biche est prise à son piège de feuille
Dans l'aurore elle égoutte un adieu transparent
Qui traverse ton œil ton cristal et s'éprend
D'une larme tombée dans la mer qui l'accueille.

Un voleur en détresse un voleur à la mer.
Ainsi sombre Harcamone au visage de fer.
Des rubans des cheveux le tirent dans la vase
Ou la mer. Et la mort ? Coiffant sa boule rase
Dans les plis du drapeau rit le mac amusé.
Mais la mort est habile et je n'ose ruser.

Au fond de notre histoire ensommeillé je plonge
Et m'étrangle à ta gorge Harcamone boudeur
Parfumé. Sur la mer comme un pois de senteur
Ton mousse écume fine à sa bouche écornée
Par les joyeux du ciel sur cette eau retournée
Volé même à la mort appelle à son secours.
Ils le vêtent d'écume et d'algues de velours.
L'amour faisant valser leur bite enturbannée
(Biche bridant l'azur et rose boutonnée)
Les cordes et les corps étaient raides de nœuds.
Et bandait la galère. Un mot vertigineux.
Venu du fond du monde abolit le bel ordre.
Manicles et lacets je vis des gueules mordre.

Hélas ma main captive est morte sans mourir.
Les jardins disent non où la biche est vêtue
D'une robe de neige et ma grâce la tue
Pour la mieux d'un linceul d'écume revêtir.

La prison qui nous garde à reculons s'éloigne.
En hurlant sa détresse une immobile poigne
À ta vigne me mêle à ta feuille aux sarments
De ta voix Harcamone à ses froids ornements.
Abandonnons la France et sur notre galère…
Le mousse que j'étais aux méchants devait plaire.
Je ramais en avant du splendide étrangleur
Dont le bel assoupi où s'enroulent les fleurs
(Liserons dénoués roses de la Roquette)
Organisait rieur derrière la braguette
Un bocage adorable où volent des pinsons.
La biche s'enfuyait au souffle des chansons
D'un galérien penché sur la corde du songe.

L'arbre du sel au ciel ses rameaux bleus allonge.
Ma solitude chante à mes vêpres de sang
Un air de bulles d'or aux lèvres se pressant.
Un enfant de l'amour ayant chemise rose
Essayait sur mon lit de ravissantes poses.
Un voyou marseillais pâle une étoile aux dents
Dans la lutte d'amour avec moi fut perdant.
Ma main passait en fraude un fardeau de détresse
Des cargaisons d'opium et de forêts épaisses
En vallons constellés, parcourait des chemins
À l'ombre de vos yeux pour retrouver vos mains

Vos poches ce nid d'aigle et la porte célèbre
Où le silence emporte un trésor de ténèbre.
Mon rire se cassait contre le vent debout.
Gencive douloureuse offerte avec dégoût
Aux larves d'un poème écrit sans mot ni lettres
Dans l'air d'une prison où l'on vient de m'admettre.

Dans l'ombre sur le mur de quel navigateur
Son ongle usé du sel mais juste à ma hauteur
Parmi les cœurs saignants que brouillent les pensées
Les profils les hélas nos armes déposées
Indéchiffrable à qui ne se bat dans la nuit
Où des loups sont les mots aura l'ongle qui luit
Laissé de mes yeux fous la clameur dévorante
Déchirer jusqu'à l'os le nom d'Andovorante ?
Le fier gaillard d'avant qui se cabrait de honte
Était serré de près par le membre d'un comte.
On le cognait brutal des poings et des genoux.
Des mâles foudroyés dégringolaient sur nous.
(Les genoux genoux clairs de lumière et de boue
Les genoux à genoux sur le pont qui s'ébroue
Les genoux ces chevaux qui se cabrent dans l'eau
Les genoux couronnés croupes de matelots)
La rose du soleil s'effeuillait sur les Îles.
Le navire filait de mystérieux milles.
On criait à voix basse un ordre où des baisers
Passaient comme des fous sans savoir se poser.
Le fragile reflet d'un incassable mousse
Une eau dormante en moi l'allongeait sur la mousse.

Vos dents Seigneur, votre œil me parlent de Venise !
Ces oiseaux dans le creux de vos jambes de buis !
À vos pieds cette chaîne où ma fainéantise
Alourdit encore plus l'erreur qui m'y conduit !
Tant la guipure parle et le rideau dénonce.
Les vapeurs du carreau tu les cueilles du doigt.
Ton fin sommeil se noue et ta bouche se fronce
Quand se perd ton bel œil sur une mer de toits.

Un gars bien balancé par la vague et le vent
Dans sa gueule ébréchée où je voyais souvent
S'entortiller la pipe à mes jupes de femmes
Ce gars passait terrible au milieu d'oriflammes.
Un chiourme de vingt ans piteux et bafoué
Se regardait mourir à la vergue cloué.

Harcamone dors-tu la tête renversée
La figure dans l'eau d'un songe traversée
Tu marches sur mon sable où tombent en fruits lourds
D'une étrange façon tes couilles de velours
Éclatant sur mes yeux en fleurs dont l'arbre est fée.
Ce que j'aime à mourir dans ta voix étouffée
C'est l'eau chaude qui gonfle ce tambour tendu.
Parfois tu dis un mot dont le sens est perdu
Mais la voix qui le porte est si lourde gonflée
Qu'il la crève il ferait de cette voix talée
Couler sur ton menton un flot de sang lépreux
Mon mandrin fier et plus qu'un guerrier coléreux.

Aux branches d'un jeune arbre à peine rattachées
D'autres fleurs j'ai volé qui couraient en riant
Les pieds sur ma pelouse et mon ombre couchée
Et m'éclaboussant d'eau ces roses s'y baignant.

(Tiges à pleines mains corolles se redressent
Corolles sont de plume et les membres de plomb)
Il sonne un air fatal à leurs vives caresses
Avec l'eau rejetée à coups de fins talons.

Chaudes fleurs qui sortez vers le soir des ruelles
Je suis seul enfermé dans un drapeau mouillé
De ces humides plis de ces flammes cruelles
Belles fleurs qui de vous saura me débrouiller ?

Est-il pays si frais que celui de nos rires.
Neige sur les écueils votre langue léchant
Le sel d'algues d'azur sur le ventre et le chant
Vibrant dans votre corps tourné comme une lyre ?

Y poursuivre la biche est un jeu que j'invente
À mesure. On débrouille une reine émouvante
Exilée et si douce à chaque bond cassé
Sous le manteau mouillé d'une biche. Glacé
De respect je retrouve aux bords de ton visage
Une reine captive enchaînée au rivage.
Dormez belle Harcamone assassin qui voulez
Les gorges traverser dans mes souliers ailés.

Sur cet instant fragile où tout était possible
Nous marchions dans l'azur étonné mais paisible.
La galère en désordre était d'une beauté
Moins étrange que douce un visage enchanté
Un air de désespoir accompagnait sa fête.
(Il neigeait quelle paix sur la calme tempête !)
De violons et de valses. Elle avait sur les bras
Tout son fardeau sacré dans un funèbre aura
De colonnes de fûts de cordes et de torses.
L'Océan se tordait sous sa fragile écorce.

Le ciel disait sa messe il pouvait de nos cœurs
Compter les battements. Dure était la rigueur
De cet ordre terrible où la beauté tremblait.
Nous allions en silence à travers des palais
Où la mort solennelle avait passé sa vie.
De remonter à l'air je n'avais plus l'envie
Ni la force à quoi bon mes amis les plus beaux
S'accommodant du monde et de l'air des tombeaux.
Et tous ces clairs enfants volaient dans la voilure.
Le songe vous portant filait à toute allure.
La guirlande rompue fut par l'amour nouée
Jusqu'aux pieds de la mort et la mort fut jouée.
Je vivais immobile un moment effrayant .
Car je savais saisi ce beau monde fuyant
Dans une éternité plus dure et plus solide
Que celle de l'Égypte à peine moins sordide.

On quittait des taureaux par le nœud étranglé
De trois hommes formé. La main du vent salé
Pardonnait les péchés. C'était cette galère
Un manège cassé par un soir de colère.
Et pourtant quelle grâce émerveillait mon œil !
Solennel monument cadavres sans cercueil
Cercueils sans ornements nous étions par le songe
Embaumés empaumés.

                       Pressez vos mains d'éponge !
À mon torse salé portez vos doigts d'amour.
Je saurai revenir des informes détours.

Brouillard au bout des doigts si je touche à ta robe
Animal tu fondras pour d'air bleu devenir.
Une larme roulant de ton étrange globe
Sur ton pied sec à toi biche se doit m'unir.

La bruyère est si rose approche un éventail
De ta joue un soupir dégonfle le silence.
Le hallier se blottit dans l'ombre au lent travail
Je resterai donc seul. Qui soupire et s'avance

Nuit ? Sur tes bois s'éveille un vaisseau mal ancré
Dans le ciel. Biche fine un doux bruit de ramure
Ton oreille recueille et ton doigt d'air doré
Net cassant cette glace écoute leur murmure...

Grappes d'empoisonneurs suspendus aux cordages
Se bitent les bagnards en mélangeant leurs âges.
De la Grande Fatigue un enfant endormi
Revenait nu taché par le sperme vomi.
Et le plus déchirant des sanglots de la voile
Appareiller cueilli comme un rameau d'étoile
Sur mon cou déposait cœur et lèvres d'un gars
Mettait une couronne achevait les dégâts.
Mes efforts étaient vains pour retrouver vos terres.
Ma tête s'enlisait fétide et solitaire
Au fond des mers du lit du songe des odeurs
Jusqu'à je ne sais quelle absurde profondeur.

Un fracas grec soudain fit trembler le navire
Qui s'effaça lui-même en un dernier sourire.
Une première étoile au ciel d'argot fleurit.
Ce fut la nuit son nom son silence et le cri
D'un galérien charmant connaissant sa demeure
Dans un bosquet plaintif où cette biche pleure
Un être de la nuit dont le froc paresseux
Baissa le pont de toile à mon libre vaisseau.
La rose d'eau se ferme au bord de ma main bleue.
(L'éther vibre docile aux sursauts de ma queue.
De nocturnes velours sont tendus ces palais
Que traversait mon chibre et que tu désolais
À bondir sans détours jusqu'aux étoiles nues
Parcourant le pied vif de froides avenues)
Sur le ciel tu t'épands Harcamone! et froissé
Le ciel clair s'est couvert mais d'un geste amusé.

Un cavalier chantait du ciel à la galère
Par les astres gelés le système solaire.

Escaladant la nue et l'éternelle nuit
Qui fixa la galère au ciel pur de l'ennui
Sur les pieds de la Vierge appelant les abeilles ?
Astres je vous dégueule et ma peine est pareille
Harcamone à ta main ta main morte qui pend.
Enroule autour de moi ô mon rosier grimpant
Tes jambes et tes bras mais referme tes ailes
Ne laissons rien traîner ni limes ni ficelles.
Pas de traces sortons sautons dans ces chariots
Que j'écoute rouler sous ton mince maillot.

Mais je n'ai plus d'espoir on m'a coupé ces tiges
Adieu marlou du soir de dix-sept à vingt piges.

Voyage sur la lune ou la mer je ne sais
Harcamone au cou rose entouré d'un lacet.

Ô ma belle égorgée au fond de l'eau tu marches
Portée à chaque pas sur tes parfums épais
Sur leur vague qui frise et se déforme après
Et tu traverses lente un labyrinthe d'arches.
Dans l'eau de tes étangs de noirs roseaux se traînent
À ton torse à tes bras se noue un écheveau
De ces rumeurs de mort plus fort que les chevaux
Emmêlés l'un dans l'autre aux brancards d'une reine.

La parade

SILENCE, il faut veiller ce soir
Chacun prendre à ses meutes garde.
Et ne s'allonger ni s'asseoir
De la mort la noire cocarde

Piquer son cœur et l'en fleurir
D'un baiser que le sang colore.
Il faut veiller se retenir
Aux cordages clairs de l'aurore.

Enfant charmant haut est la tour
Où d'un pied de neige tu montes.
Dans la ronce de tes atours
Penchent les roses de la honte.

ON CHANTE dans la cour de l'Est
Le silence éveille les hommes.
Silence coupé d'ombre et c'est
De fiers enculés que nous sommes.

Silence encor il faut veiller
Le Bourreau ignore la fête
Quand le ciel sur ton oreiller
Par les cheveux prendra ta tête.

DANS LA NUIT du 17 au 18 juin, eut lieu, au camp de la Parade, l'exécution capitale de trente mille adolescents. Des millions d'étoiles, les éclats du mica, du sucre, les ronces, les chèvre-feuilles, les petits drapeaux en papier, les tracts du ciel, la gloire des eaux, les grandes vacances des enfants, le Deuil, l'Absence voulurent apporter leur concours.

Sans le savoir, la presse parla beaucoup de cet enfant qu'un charmeur de serpent enculait, à demi mort dans les cordages.

ESCLAVES d'un péché qui vous maintient en deuil
Vous tordez l'assassin par mes poignets d'écume ;
Ses cris, ses crimes bleus égouttent dans votre œil
L'encre qui vous révèle et de mort vous embrume.

Ô mes pâles larrons, gardez ce fils des dieux,
Qu'il crève ! C'est sa mort votre noir uniforme.

Or l'enfant, sur la paille allonge au fond des cieux,
Ses chevilles de feuille afin qu'elles s'endorment.

CANAILLE oserez-vous me mordre une autre fois
Retenez que je suis le page du Monarque
Vous roulez sous ma main comme un flot sous ma barque
Votre houle me gonfle, ô ma caille des bois

Ma caille emmitouflée, écrasée sous mes doigts.

I

TRANSPARENT voyageur des vitres du hallier
Par la route du sang revenu dans ma bouche
Les doigts chargés de lune et le pas éveillé
J'entends battre le soir endormi sur ma couche.

II

VOTRE ÂME est de retour des confins de moi-même
Prisonnière d'un ciel aux paresseux chemins
Où dormait simplement dans le creux d'un poème
Une nuit de voleur sous le ciel de ma main.

UNE AVALANCHE rose est morte entre nos draps.
Cette rose musclée ce lustre d'Opéra
Tombé du sommeil, noir de cris et de fougères
Qu'installe autour de nous une main de bergère,
      Cette rose s'éveille !
Sous les haubans de deuil que le conte appareille !
Vibrants clairons du ciel tout parcourus d'abeilles
Apaisez les sourcils crispés de mon boxeur.
Bouclez le corps noué de la rose en sueur.
Qu'il dorme encor. Je veux l'entortiller de langes
Afin de nous savoir cruels dénicheurs d'anges
Et pour que plus étrange et sombre, chez les fleurs
Soit au réveil, ma mort avec faste pleurée
Par ces serpents tordus, cette neige apeurée.
Ô la voix d'or battu, dur gamin querelleur
Que tes larmes sur mes doigts que tes larmes coulent
De tes yeux arrachés par le bec d'une poule
Qui picorait en songe, ici les yeux, ailleurs
      Des graines préparées
Par cette main légère ouverte à mon voleur.

TES PIEDS BLEUS traversés d'étoiles et de branches
Tu cours sur mon rivage et bondis dans ma main
Mais ose cet amour que ton rire déclenche
Hardiment le fouler de tes pieds inhumains !

Tu t'éveilles de moi avec leur promptitude
Les spectres de mes dents, pour hanter l'escalier
Si rapide il faut donc Guy que ma solitude
Par toi-même soit toi mon cœur multiplié

Mais pour me parcourir enlève tes souliers.

Un chant d'amour

à
LUCIEN
Sénemaud

BERGER descends du ciel où dorment tes brebis !
(Au duvet d'un berger bel Hiver je te livre)
Sous mon haleine encor si ton sexe est de givre
Aurore le défait de ce fragile habit.

Est-il question d'aimer au lever du soleil ?
Leurs chants dorment encor dans le gosier des pâtres.
Écartons nos rideaux sur ce décor de marbre ;
Ton visage ahuri saupoudré de sommeil.

Ô ta grâce m'accable et je tourne de l'œil
Beau navire habillé pour la noce des Îles
Et du soir. Haute vergue ! Insulte difficile
Ô mon continent noir ma robe de grand deuil !

Colère en grappes d'or un instant hors de Dieu
(Il respire et s'endort) soulagé de vous rendre.
Aidé de votre main je crois le ciel descendre
Et tendre déposer ses gants blancs sur nos yeux.

C'est sa douceur surtout qui t'isole et répand
Sur ton front délicat cette pluie de novembre.
Quelle ombre quelle afrique enveloppent tes membres
Crépuscule de l'aube habité d'un serpent !

Valse feuille à l'envers et brouillards égarés
À quel arbre nouez, fleur du vent cette écharpe ?
Mon doigt casse le gel au bois de votre harpe
Fille des joncs debout les cheveux séparés.

Au bord de ma casquette un brin de noisetier
De travers accroché l'oreille me chatouille.
Dans votre cou j'écoute un oiseau qui bafouille.
Et dorment mes chevaux debout dans le sentier.

Caressant l'œil distrait l'épaule de la mer
(Ma sandale est mouillée à l'aile décousue)
Je sens ma main gonflée sous ta chaleur moussue
S'emplir de blancs troupeaux invisibles dans l'air.

Vont paître mes agneaux de ta hanche à ton cou,
Brouter une herbe fine et du soleil brûlée,
Des fleurs d'acacia dans ta voix sont roulées
Va l'abeille voler le miel de leurs échos.

Mais le vert pavillon des rôdeurs de la mer
Doit veiller quelque part, se prendre dans les pôles.
Secouer la nuit, l'azur, en poudrer vos épaules
Dans vos pieds ensablés percer des sources d'air.

Pour me remonter nu sur de bleus escaliers
Solennels et sombrant dans ces vagues de rêves
Las de périr sans fin à deux doigts de mes lèvres
L'horizon s'endormait dans vos bras repliés.

Vos bras nus vont hennir écartelant ma nuit.
Damiens ces noirs chevaux éventrent l'eau profonde.
Au galop m'emportez centaures nés du ventre.
Bras d'un nègre qui meurt si le sommeil me fuit.

J'ai paré de rubans, de roses leurs naseaux,
De chevelure encor aux filles dépouillées,
J'ai voulu caresser leur robe ensoleillée
De mon bras allongé au-dessus du ruisseau !

Votre épaule rétive a rejeté ma main :
Elle meurt désolée à mon poignet docile :
Main qui se hâte en vain coupée, mais plus agile
(Les cinq doigts d'un voleur aux ongles de carmin).

Tant de mains sur le bord des chemins et des bois :
Auprès de votre col elle aimait vivre nue
Mais un monstre à vos yeux à peine devenue
Sur ma main le talon je baiserai vos doigts.

Fusillé par surprise un soldat me sourit
D'une treille de sang sur le mur de chaux blanche.
Le lambeau d'un discours accroché dans les branches,
Et dans l'herbe une main sur des orteils pourris.

Je parle d'un pays écorché jusqu'à l'os.
France aux yeux parfumés vous êtes notre image.
Douce comme ses nuits, peut-être davantage
Et comme elles, blessée ô France, à demi-mot.

Lente cérémonie au son de vingt tambours
Voilés. Cadavres nus promenés par la ville.
Sous la lune un cortège avec cuivres défile
Dans vos vallons boisés, au moment des labours.

Pauvre main qui va fondre ! Et vous sautez encor
Dans l'herbe. D'une plaie ou du sang sur les pierres
Qui peut naître, quel page et quel ange de lierre
M'étouffer ? Quel soldat portant vos ongles morts ?

Me coucher à ces pieds qui défrisent la mer ?
Belle histoire d'amour : un enfant du village
Aime la sentinelle errante sur la plage
Où l'ambre de ma main attire un gars de fer !

Dans son torse, endormie — d'une étrange façon
Crémeuse amande, étoile, ô fillette enroulée
— Ce tintement du sang dans l'azur de l'allée
C'est du soir le pied nu sonnant sur mon gazon.

CETTE FORME est de rose et vous garde si pur.
Conservez-la. Le soir déjà vous développe
Et vous m'apparaissez (ôtées toutes vos robes)
Enroulé dans vos draps ou debout contre un mur.

Ose ma lèvre au bord de ce pétale ourlé
Mal secoué cueillir une goutte qui tombe,
Son lait gonfle mon cou comme un col de colombe.
Ô restez une rose au pétale emperlé.

Épineux fruits de mer m'écorchent tes rayons.
Mais l'ongle fin du soir saura fendre l'écorce.
Boire ma langue rose à ces bords toute force.
Si mon cœur retenu dans l'or d'un faux chignon

Chavire ancré vivant sans pouvoir se vomir
Dans une mer de bile à ton sexe attelée
Je parcours immobile en d'immenses foulées
Ce monde sans bonté où tu me vois dormir.

Je roule sous la mer et ta vague au-dessus
Travaille ses essieux tordus par tes orages
Pourtant j'irai très loin car le ciel à l'ouvrage
Du fil de l'horizon dans un drap m'a cousu.

AUTOUR DE TA MAISON je rôde sans espoir.
Mon fouet triste pend à mon cou. Je surveille
À travers les volets tes beaux yeux ces charmilles
Ces palais de feuillage où va mourir le soir.

Siffle des airs voyous, marche le regard dur,
Dans les joncs ton talon écrasant des couvées
Découpe dans le vent en coquilles dorées
L'air des matins d'avril et cravache l'azur,

Mais vois qu'il ne s'abîme et s'effeuille à tes pieds
Ô toi mon clair soutien, des nuits la plus fragile
Étoile, entre dentelle et neige de ces îles
D'or tes épaules, blanc le doigt de l'amandier.

Le pêcheur du Suquet

UNE COMPLICITÉ, un accord s'établissent entre ma bouche et la queue — encore invisible dans son short azur — de ce pêcheur de dix-huit ans ;

Autour de lui le temps, l'air, le paysage devenaient indécis. Couché sur le sable, ce que j'en apercevais entre les deux branches écartées de ses jambes nues, tremblait.

Le sable gardait la trace de ses pieds, mais gardait aussi la trace du paquet trop lourd d'un sexe ému par la chaleur et le trouble du soir. Chaque cristau étincelait.

— Comment t'appelles-tu ?
— Et toi ?

Depuis cette nuit le voleur aime tendrement l'enfant malicieux, léger, fantasque et vigoureux dont le corps fait frissonner, à son approche, l'eau, le ciel, les rochers, les maisons, les garçons et les filles. Et la page sur quoi j'écris.

Ma patience est une médaille à ton revers.

Une poussière d'or flotte autour de lui. L'éloigne de moi.

Avec le soleil de votre visage vous êtes plus ténébreux qu'un gitan.

Ses yeux : parmi les chardons, les épines noires, la robe vaporeuse de l'automne.

Sa queue : mes lèvres retroussées sur mes dents.

Ses mains éclairent les objets. Les obscurcissent encore. Les animent et les tuent.

Le gros orteil de son pied gauche, à l'ongle incarné, quelquefois fouille ma narine, quelquefois ma bouche. Il est énorme mais le pied, puis la jambe y passeraient.

TU VEUX PÊCHER à la fonte des neiges
Dans mes étangs de bagues retenus
Ah dans mes beaux yeux plonger tes bras nus
Que d'acier noir deux rangs de cils protègent
Sous un ciel d'orage et de hauts sapins
Pêcheur mouillé couvert d'écailles blondes
Dans tes yeux mes doigts d'osier mes pâles mains
Voient les poissons les plus tristes du monde
Fuir, de la rive où j'émiette mon pain.

Tremble. Au sommet de toi seul balancé
Ton talon rose accroche à la ramure
Le soleil levant. Tremble ton murmure
Frissonne sur mes dents. Tes doigts cassés
Peignent l'azur et déchirent l'écorce
Ô tremble qui te fait doux et frangé
De neige. Érige, exige ce torse
Blessé profond mais de plume allégé.
À s'épanouir mes lèvres le forcent.

Quand le soleil allume la bruyère
Lentement sur vos pentes beaux mollets
Je vais par les rocs d'où tu me parlais
Spahi blond à genoux dans la lumière.
Un serpent s'éveille à la voix des morts.
Sous mon pied crevé des perdrix s'envolent.
Au couchant je verrai les chercheurs d'or
Faire leur travail sous la lune folle.
Les briseurs de tombeaux tirer au sort.

Que d'ombre à tes pieds tes souliers vernis !
Tes pieds glacés dans mes étangs de larmes
Tes pieds poudrés et déchaussés de Carme
Éclaboussés de ciel tes pieds bénis
Marqueront ce soir mes blanches épaules
(Forêts que la lune peuple de loups)
Ô mon pêcheur à l'ombre de mes saules,
Bourreau couvert d'étoiles et de clous
Debout, tenu par le bras blanc du môle.

À l'arbre vert dressé — ton front penché
(Animal d'amour arbre d'or à deux têtes)
Sur son feuillage — enlacé chaude bête
Par un seul pied tu restes accroché,
Sonne dans l'azur une valse lente
À l'harmonica mais tes yeux voient-ils
Du mât de misaine une aube étonnante ?
Ô pêcheur nu de l'arbre au cœur subtil
Descends, descends, crains mes feuilles qui chantent.

Adieu Reine du Ciel, adieu ma Fleur
De peau découpée dans ma paume.
Ô mon silence habité d'un fantôme,
Tes yeux, tes doigts, silence. Ta pâleur.
Silence encor ces vagues sur les marches
Où chaque fois ton pied pose la nuit.
Un angélus clair tinte sous son arche.
Adieu soleil qui de mon cœur s'enfuit
Sur une atroce et nocturne démarche.

Mon pêcheur descendait le soir des maisons bleues
Et je le recevais sur mes deux mains tendues.
Il souriait. La mer nous tirait par les pieds.
Pendus à sa ceinture et les cheveux mouillés
Une grappe dorée de huit têtes de filles
(Sa ceinture est cloutée et sous la lune brille)
Le reproche dans l'œil, s'étonnaient de leur mort.
Le pêcheur se mirait dans le ciel, près du port.

Enfouis sous vos pieds les trésors de la nuit
Sur des chemins de braise allez en souplesse.
La paix est avec vous.
Dans les orties, les ajoncs, les prunelliers, les forêts votre
[pas
Dépose des mesures de ténèbres.
Et chacun de vos pieds, chaque pas de jasmin
M'ensevelit dans une tombe de porcelaine.
Vous obscurcissez le monde.

Les trésors de cette nuit : l'Irlande et ses révoltes,
les rats musqués fuyant dans les landes, une arche
de lumière, le vin remonté de ton estomac, la
noce dans la vallée, au pommier en fleur un
pendu qui se balance, enfin cette région que
l'on aborde le cœur dans la gorge, dans ta culotte
protégée d'une aubépine en fleur.

De toutes parts les pèlerins descendent.
Ils contournent tes hanches où le soleil se couche,
Gravissent avec peine les pentes boisées de tes cuisses
Où même le jour il fait nuit.

Par d'herbeuses landes, sous ta ceinture
Débouclée nous arrivons la gorge sèche
L'épaule et les pieds las, auprès de Lui.
Dans son rayonnement le Temps même est voilé
d'un crêpe au-dessus duquel le soleil, la lune,
et les étoiles, vos yeux, vos pleurs brillent peut-être.
Le Temps est sombre à son pied.
Rien n'y fleurit que d'étranges fleurs violettes
De ces bulbes rugueux.
À notre cœur portons nos mains jointes
Et les poings sur nos dents.

Qu'est-ce t'aimer ? J'ai peur de voir cette eau couler
Entre mes pauvres doigts. Je n'ose t'avaler.
Ma bouche encor modèle une vaine colonne.
Légère elle descend dans un brouillard d'automne.
J'arrive dans l'amour comme on entre dans l'eau,
Les paumes en avant, aveuglé, mes sanglots
Retenus gonflent d'air ta présence en moi-même
Où ta présence est lourde, éternelle. Je t'aime.

MAIS IL FOND dans ma bouche. N'est-ce qu'un vers. Pour quelle fille et quel jardin ? Quel rêve l'assoupit, le roule en lui-même, délicatement le tourmente, lui donne cette lente, molle colique ?

— Tu me dédaignes ?

Mais quelle tendresse ne doit-il appeler à lui pour retrouver ici ce qu'ailleurs lui offrent à profusion ses rêves ! Quels bouquets de fleurs coupées, jetées, pour oublier ses bosquets !

Je caresse la petite masse de chair, penaude, qui se blottit dans ma main, et je regarde tes yeux : j'y vois très loin l'animal tendre qui donne cette tendresse à ta queue.

Tu essayes de remonter jusqu'à moi. Quelques vagues y parviennent. Cette écume à tes yeux le prouve. Mais le plus grave de toi reste dans tes profondeurs. Et c'est là que tu sombres.

Si je prête l'oreille, j'entends ta voix m'appeler, mais elle est si bien entortillée au chant des sirènes que je ne saurais la démêler pour la tirer pure jusqu'à mon oreille.

Pourtant je ne t'abandonnerai pas.

— Il se retire ?

Il se retire en moi.

Tous ses baisers d'excuses ajoutent encore à la nuit qui s'installe en moi et autour de moi.

Meurs de mes mains. Meurs sous mes yeux.

Je dois rendre la situation le plus obscure possible (et tendue à craquer) afin que le drame soit inévitable, afin que nous le puissions mettre sur le compte de la fatalité.

Un sang noir déjà coule de sa bouche et de sa bouche ouverte sort encore son blanc fantôme.

LE VOLEUR

où LA NUIT se dévêt mais travaille à ses fleurs
Les poings clairs du boucher ont retenu ma rose.
Ô nuit de cet enfant découvert sous mes pleurs
Organise un poème où sa verge est enclose.

LA NUIT

Mes trésors dévidés par ses maigres phalanges
Jusqu'aux talons coulaient dans ton divin sommeil
Et ton souffle voilait la plainte des mésanges
Voleur saignant du nez sur mes ongles vermeils !

LE VOLEUR

Le vent passe à pas lents sans m'atteindre. On me tue.
On me tue mal. J'ai peur. Ô venez sans danger
Par les prés matinaux verge belle et têtue
Apportez-moi la mer et l'aube des bergers.

L'ARBRE

De ma prison voleur s'échappent si tu passes
Frémissant à mon pied des bataillons bouclés.
Ne résiste mon cœur, mes branches se délacent.
Je te sais expirant, par leurs bottes foulé.

LE VOLEUR

Il s'éveille parfois pour visiter mes poches
Il me vole et déjà du poison menacé
Mon aigle le surveille et sur de hautes roches
L'emporte et le dérobe au creux de mon passé.

L'ARBRE

Des éclairs pleins les mains ton beau rayon me brise.
On veut que foudroyé je le sois par vos jeux
Voleur ta main trop vive à son tour sera prise
Un arbre s'est paré d'un destin courageux.

LE VOLEUR

À chacun de mes doigts une feuille qui bouge !
Tout ce désordre vert un feuillage émouvant.
Le front du ravisseur de pâle devient rouge
Dans ses boucles frissonne une étoile au Levant !

LA NUIT

Mais de qui parlez-vous ? Les pêcheurs se retirent
Comme la mer au fond de l'abîme, leurs yeux.
La marée est exacte et cette écume au rire
Remontée est pour vous un signe précieux.

L'ARTILLEUR

Les pieds entortillés de chaussettes de laine
Dans mes houzeaux de cuir je traverse les bois.
Ni la mer ou ta merde et non plus ton haleine
Voleur pour empêcher que tout tremble sous moi.

LE VOLEUR

Vous êtes hypocrite immortelle écuyère
En robe d'organdi sur un cheval blessé !
En pétales perdus vos beaux doigts s'effeuillèrent
Adieu mon grand jardin par le ciel terrassé !

AINSI JE RESTE SEUL, oublié de lui qui dort dans mes bras. La mer est calme. Je n'ose bouger. Sa présence serait plus terrible que son voyage hors de moi. Peut-être vomirait-il sur ma poitrine.

Et qu'y pourrais-je faire ? Trier ses vomissures ?
Y chercher parmi le vin, la viande, la bile, ces violettes et ces roses qu'y délayent et délient les filets de sang ?

DES LAMES DE FEU, des fleurets brisés !
La mer me travaille où la lune veille.
Le sang dans la mer fuit de mon oreille.
Pêcheur mélancolique ô vos yeux baissés
Vos yeux plombés dans leur ciel de voyage
Crèvent encor sans pitié mes abcès
Car je m'écoule et deviens marécage
Où va la nuit bleuir les feux follets
Langue de feu qui veille mon passage.

Poèmes retrouvés

Dans l'antre de mon œil nichent les araignées
Un pâtre se désole à ma porte et des cris
S'élèvent de la feuille angoissée où j'écris
Car mes mains sont enfin de mes larmes baignées.

Près du camp sous les remparts, dans les fossés, d'un pylône à l'autre, sur les cailloux, dans l'ombre, dans la vase, sur mes lèvres, mon miroir, dans la suie des usines, dans les pêchers, dormait un enfant, jeune acrobate en haillons, à qui le ciel adressait des signes que lui seul pouvait capter. Quand il revint à la ville, on ne voulut rien croire de sa terrible inconséquence. Très longtemps, il garda sur son ventre blanc l'éraflure d'un ongle aigu.

LA ROSE

Crime
Elle crie.

Où l'abeille s'englue. Je l'
Jeune étoile de soufre.

ÉTOILE

L'écran fut occupé soudain par la poitrine de l'étoile. Corsage de velours noir. Dans l'échancrure, sous mon nez et mes yeux à vingt fauteuils de là une rose artificielle s'imposa. Puis apparurent au bas de cette rose, juste à la place du cœur de l'étoile, précédés de trois points de suspension, ces mots :

... J'AI CRIÉ

— AVOUEZ !

Messeigneurs de la Cour...

L'aveu du meurtre se trouvera contenu dans l'effroyable
confusion, dans le désastre résultant de la rencontre brutale
d'une rose et d'une étoile. À travers les éclats recollés, traversés
d'une abeille, le meurtre était visible.

L'Espagne est une sainte à partir de midi
Gardez-la de tomber, balustrade endormie
Garde-fou des rôdeurs restez mon seul ami
Gardez-moi de l'Espagne à mon cœur ennemie.

Capitale endormie au soleil de la nuit
Ô ma poitrine ouverte ô lune tes cymbales
D'un coup sourd et mortel éveillent ces crotales
Qui chanteront nos morts oubliés dans les puits.

Tzigane sous la neige ALBERTO des lointains
Souvenez-vous des nuits dans notre val de grâce
Où les reptiles noirs sur vos bras de menace
Écoutaient éblouis les ordres du matin.

Cette étrange rosace orne d'un sceau fatal
La chambre. Une ancre d'or griffe le sang du vide.
Un insecte a mordu l'éternité livide.
DIVINE épouse morte un sommeil végétal.

Morte. Morte étranglée. Ô fleur de nos contrées
Laissez couler vos pleurs sur ses hanches de houx
Mésanges vos nids bleus faites-les sur son cou
Et vous, mes nuits portez DIVINE la Dorée

Cathédrale à pas lents par mes landes venues
Sous un œil ténébreux NOTRE-DAME DES FLEURS
De ma mort le cortège aux nocturnes couleurs
Parcourt le pied léger vos douces avenues.

Cette Afrique est de cuivre où la grâce est morose
Relevez dans ses flancs le regret des mineurs.
Ils travaillent les puits de ce bagne d'amour
Où brise neige fleur sous leurs doigts ne se pose.

À son col pèsent lourd les chaînes du silence
Ce plongeur déchaîné noir du sel de vos mers.
La danseuse de givre est son héros de l'air.
Je parle, entre les dents le fer doré des lances.

Le sang, le lait, les pleurs de cet ange étonné
Sur le marbre de lune et les plaines glacées
À notre mort propose une offrande amassée
Par la désolation de vos bras festonnés.

Qu'il soulève la dalle et les parfums de Dieu
Empesteront cet ange à genoux pour la garde et les
saintes femmes apporteront les huiles et le linge.

Roncevaux belle gorge où ton rêve situe
Durandal au fil d'or, Roland sonnant du cor
À nos larmes de honte ouvre une brèche encor
La gorge d'un berger d'aurore dévêtue.

La nuit rauque à vomir s'écorche à cette rive
Clichy de la Paresse et des mauvais sujets
Où sa bouche pincée la rencontre furtive
Oublie sa gorge blonde à d'autres bras de jais.

Le funambule

Pour Abdallah

Une paillette d'or est un disque minuscule en métal doré, percé d'un trou. Mince et légère, elle peut flotter sur l'eau. Il en reste quelquefois une ou deux accrochées dans les boucles d'un acrobate.

Cet amour — mais presque désespéré, mais chargé de tendresse — que tu dois montrer à ton fil, il aura autant de force qu'en montre le fil de fer pour te porter. Je connais les objets, leur malignité, leur cruauté, leur gratitude aussi. Le fil était mort — ou si tu veux muet, aveugle — te voici : il va vivre et parler.

Tu l'aimeras, et d'un amour presque charnel. Chaque matin, avant de commencer ton entraînement, quand il est tendu et qu'il vibre, va lui donner un baiser. Demande-lui de te supporter, et qu'il t'accorde l'élégance et la nervosité du jarret. À la fin de la séance, salue-le, remercie-le. Alors qu'il est encore enroulé, la nuit, dans sa boîte, va le voir, caresse-le. Et pose, gentiment, ta joue contre la sienne.

Certains dompteurs utilisent la violence. Tu peux essayer de dompter ton fil. Méfie-toi. Le fil de fer, comme la panthère et comme, dit-on, le peuple, aime le sang. Apprivoise-le plutôt.

Un forgeron — seul un forgeron à la moustache grise, aux larges épaules peut oser de pareilles délicatesses — saluait ainsi chaque matin son aimée, son enclume :

— Alors, ma belle !

Le soir, la journée finie, sa grosse patte la caressait. L'enclume n'y était pas insensible, dont le forgeron connaissait l'émoi.

Ton fil de fer charge-le de la plus belle expression non de toi mais de lui. Tes bonds, tes sauts, tes danses — en argot d'acrobate tes : flic-flac, courbette, sauts périlleux, roues, etc., tu les réussiras non pour que tu brilles, mais afin qu'un fil d'acier qui était mort et sans voix enfin chante. Comme il t'en saura gré si tu es parfait dans tes attitudes non pour ta gloire mais la sienne.

Que le public émerveillé l'applaudisse :

— Quel fil étonnant ! Comme il soutient son danseur et comme il l'aime !

À son tour le fil fera de toi le plus merveilleux danseur.

Le sol te fera trébucher.

Qui donc avant toi avait compris quelle nostalgie demeure enfermée dans l'âme d'un fil d'acier de sept millimètres ? Et que lui-même se savait appelé à faire rebondir de deux tours en l'air, avec fouettés, un danseur ? Sauf toi personne. Connais donc sa joie et sa gratitude.

Je ne serais pas surpris, quand tu marches par terre que tu tombes et te fasses une entorse. Le fil te portera mieux, plus sûrement qu'une route.

Négligemment j'ai ouvert son portefeuille et je fouille. Parmi de vieilles photos, des bulletins de paie, des tickets d'autobus périmés, je trouve une feuille de papier pliée où il a tracé de curieux signes : le long d'une ligne droite, qui représente le fil, des traits obliques à droite, des traits à gauche — ce sont ses pieds, ou plutôt la place que prendraient ses pieds, ce sont les pas qu'il fera. Et en regard de chaque trait, un chiffre. Puisque dans un art qui n'était soumis qu'à un entraînement hasardeux et empirique il travaille à apporter les rigueurs, les disciplines chiffrées, il vaincra.

Que m'importe donc qu'il sache lire ? Il connaît assez les chiffres pour mesurer les rythmes et les nombres. Subtil calculateur, Joanovici était un Juif — ou un Gitan — illettré. Il gagna une grande fortune pendant une de nos guerres en vendant des ferrailles au rebut.

… « une solitude mortelle »…

Sur le zinc, tu peux blaguer, trinquer avec qui tu veux, avec n'importe qui. Mais l'Ange se fait annoncer, sois seul pour le recevoir. L'Ange, pour nous, c'est le soir, descendu sur la piste éblouissante. Que ta solitude, paradoxalement, soit en pleine lumière, et l'obscurité composée de milliers d'yeux qui te jugent, qui redoutent et espèrent ta chute, peu importe : tu danseras sur et dans une solitude désertique, les yeux bandés, si tu le peux, les paupières agrafées. Mais rien — ni surtout les applaudissements ou les rires — n'empêchera que tu ne danses pour ton image. Tu es un artiste — hélas — tu ne peux plus te refuser le précipice monstrueux de tes yeux. Narcisse danse ? Mais c'est d'autre chose que de coquetterie, d'égoïsme et d'amour de soi qu'il s'agit. Si c'était de la Mort elle-même ? Danse donc seul. Pâle, livide, anxieux de plaire ou de déplaire à ton image : or, c'est ton image qui va danser pour toi.

Si ton amour, avec ton adresse et ta ruse, sont assez grands pour découvrir les secrètes possibilités du fil, si la précision de tes gestes est parfaite, il se précipitera à la rencontre de ton pied (coiffé de cuir) : ce n'est pas toi qui danseras, c'est le fil. Mais si c'est lui qui danse immobile, et si c'est ton image qu'il fait bondir, toi, où donc seras-tu ?

La Mort — la Mort dont je te parle — n'est pas celle qui suivra ta chute, mais celle qui précède ton apparition sur le fil. C'est avant de l'escalader que tu meurs. Celui qui dansera sera mort — décidé à toutes les beautés, capable de toutes. Quand tu apparaîtras une pâleur — non, je ne parle pas de la peur, mais de son contraire, d'une audace invincible — une pâleur va te recouvrir. Malgré ton fard et tes paillettes tu seras blême, ton âme livide. C'est alors que ta précision sera parfaite. Plus rien ne te rattachant au sol tu pourras danser sans tomber. Mais veille de mourir avant que d'apparaître, et qu'un mort danse sur le fil.

Et ta blessure, où est-elle?

Je me demande où réside, où se cache la blessure secrète où tout homme court se réfugier si l'on attente à son orgueil, quand on le blesse? Cette blessure — qui devient ainsi le for intérieur —, c'est elle qu'il va gonfler, emplir. Tout homme sait la rejoindre, au point de devenir cette blessure elle-même, une sorte de cœur secret et douloureux.

Si nous regardons, d'un œil vite et avide, l'homme ou la femme[1] qui passent — le chien aussi, l'oiseau, une casserole — cette vitesse même de notre regard nous révélera, d'une façon nette, quelle est cette blessure où ils vont se replier lorsqu'il y a danger. Que dis-je? Ils y sont déjà, gagnant par elle — dont ils ont pris la forme — et pour elle, la solitude : les voici tout entier dans l'avachissement des épaules dont ils font qu'il est eux-mêmes, toute leur vie afflue dans un pli méchant de la bouche et

---

1. Les plus émouvants sont ceux qui se replient tout entier dans un signe de grotesque dérision : une coiffure, certaine moustache, des bagues, des chaussures... Pour un moment toute leur vie se précipite là, et le détail resplendit : soudain il s'éteint : c'est que toute la gloire qui s'y portait vient de se retirer dans cette région secrète, apportant enfin la solitude.

contre lequel ils ne peuvent rien et ne veulent rien pouvoir
puisque c'est par lui qu'ils connaissent cette solitude abso-
lue, incommunicable — ce château de l'âme — afin
d'être cette solitude elle-même. Pour le funambule dont je
parle, elle est visible dans son regard triste qui doit ren-
voyer aux images d'une enfance misérable, inoubliable,
où il se savait abandonné.

C'est dans cette blessure — inguérissable puisqu'elle
est lui-même — et dans cette solitude qu'il doit se préci-
piter, c'est là qu'il pourra découvrir la force, l'audace et
l'adresse nécessaires à son art.

Je te demande un peu d'attention. Vois : afin de
mieux te livrer à la Mort, faire qu'elle t'habite avec la
plus rigoureuse exactitude, il faudra te garder en parfaite
santé. Le moindre malaise te restituerait à notre vie. Il
serait cassé, ce bloc d'absence que tu vas devenir. Une
sorte d'humidité avec ses moisissures te gagnerait. Sur-
veille ta santé.

Si je lui conseille d'éviter le luxe dans sa vie privée, si
je lui conseille d'être un peu crasseux, de porter des vête-
ments avachis, des souliers éculés, c'est pour que, le soir
sur la piste, le dépaysement soit plus grand, c'est pour que
tout l'espoir de la journée se trouve exalté par l'approche
de la fête, c'est pour que de cette distance d'une misère
apparente à la plus splendide apparition procède une ten-
sion telle que la danse sera comme une décharge ou un cri,
c'est parce que la réalité du Cirque tient dans cette méta-
morphose de la poussière en poudre d'or, mais c'est surtout

parce qu'il faut que celui qui doit susciter cette image admirable soit mort, ou, si l'on y tient, qu'il se traîne sur terre comme le dernier, comme le plus pitoyable des humains. J'irais même jusqu'à lui conseiller de boiter, de se couvrir de guenilles, de poux, et de puer. Que sa personne se réduise de plus en plus pour laisser scintiller, toujours plus éclatante, cette image dont je parle, qu'un mort habite. Qu'il n'existe enfin que dans son apparition.

Il va de soi que je n'ai pas voulu dire qu'un acrobate qui opère à huit ou dix mètres du sol doive s'en remettre à Dieu (à la Vierge, les funambules) et qu'il prie et se signe avant d'entrer en piste car la mort est au chapiteau. Comme au poète, je parlais à l'artiste seul. Danserais-tu à un mètre au-dessus du tapis, mon injonction serait la même. Il s'agit, tu l'as compris, de la solitude mortelle, de cette région désespérée et éclatante où opère l'artiste.

J'ajoute pourtant que tu dois risquer une mort physique définitive. La dramaturgie du Cirque l'exige. Il est, avec la poésie, la guerre, la corrida, un des seuls jeux cruels qui subsistent. Le danger a sa raison : il obligera tes muscles à réussir une parfaite exactitude — la moindre erreur causant ta chute, avec les infirmités ou la mort — et cette exactitude sera la beauté de ta danse. Raisonne de la sorte : un lourdaud, sur le fil fait le saut périlleux, il le loupe et se tue, le public n'est pas trop surpris, il s'y attendait, il l'espérait presque. Toi, il faut que tu saches danser d'une façon si belle, avoir des gestes si purs afin d'apparaître précieux et rare, ainsi, quand tu te prépareras à faire le saut périlleux le public s'inquiétera, s'indignera presque qu'un être si gracieux risque la mort. Mais tu réussis le saut et reviens sur le fil, alors les spectateurs t'acclament car ton adresse vient de préserver d'une mort impudique un très précieux danseur.

S'il rêve, lorsqu'il est seul, et s'il rêve à lui-même, probablement se voit-il dans sa gloire, et sans doute cent, mille fois il s'est acharné à saisir son image future : lui sur le fil un soir de triomphe. Donc il s'efforce à se représenter tel qu'il se voudrait. Et c'est à devenir tel qu'il se voudrait, tel qu'il se rêve, qu'il s'emploie. Certes de cette image rêvée à ce qu'il sera sur le fil réel, il y aura loin. C'est pourtant cela qu'il cherche : ressembler plus tard à cette image de lui qu'il s'invente aujourd'hui. Et cela pour, qu'étant apparu sur le fil d'acier ne demeure dans le souvenir du public qu'une image identique à celle qu'il s'invente aujourd'hui. Curieux projet : se rêver, rendre sensible ce rêve qui redeviendra rêve, dans d'autres têtes !

C'est bien l'effroyable mort, l'effroyable monstre qui te guette, qui sont vaincus par la Mort dont je te parlais.

Ton maquillage ? Excessif. Outré. Qu'il t'allonge les yeux jusqu'aux cheveux. Tes ongles seront peints. Qui, s'il est normal et bien pensant, marche sur un fil ou s'exprime en vers ? C'est trop fou. Homme ou femme ? Monstre à coup sûr. Plutôt qu'aggraver la singularité d'un pareil exercice le fard va l'atténuer : il est en effet plus clair qu'un être paré, doré, peint, équivoque enfin,

114

se promène là, sans balancier, où n'auraient jamais l'idée d'aller les carreleurs ni les notaires.

Donc, fardé, somptueusement, jusqu'à provoquer, dès son apparition, la nausée. Au premier de tes tours sur le fil on comprendra que ce monstre aux paupières mauves ne pouvait danser que là. C'est sans doute, se dira-t-on, cette particularité qui le pose sur un fil, c'est cet œil allongé, ces joues peintes, ces ongles dorés qui l'obligent à être là, où nous n'irons — Dieu merci ! — jamais.

Je vais tâcher de me faire comprendre mieux.

Pour acquérir cette solitude absolue dont il a besoin s'il veut réaliser son œuvre — tirée d'un néant qu'elle va combler et rendre sensible à la fois — le poète peut s'exposer dans quelque posture qui sera pour lui la plus périlleuse. Cruellement il écarte tout curieux, tout ami, toute sollicitation qui tâcheraient d'incliner son œuvre vers le monde. S'il veut, il peut s'y prendre ainsi : autour de lui il lâche une odeur si nauséabonde, si noire qu'il s'y trouve égaré, à demi asphyxié lui-même par elle. On le fuit. Il est seul. Son apparente malédiction va lui permettre toutes les audaces puisque aucun regard ne le trouble. Le voilà qui se meut dans un élément qui s'apparente à la mort, le désert. Sa parole n'éveille aucun écho. Ce qu'elle doit énoncer ne s'adressant plus à personne, ne devant plus être compris par ce qui est vivant, c'est une nécessité qui n'est pas exigée par la vie mais par la mort qui va l'ordonner.

La solitude, je te l'ai dit, ne saurait t'être accordée que par la présence du public, il faut donc que tu t'y prennes autrement et que tu fasses appel à un autre procédé. Artificiellement — par un effet de ta volonté, tu devras faire entrer en toi cette insensibilité à l'égard du monde. À mesure que montent ses vagues — comme le froid, partant des pieds, gagnait les jambes, les cuisses, le ventre de Socrate — leur froid saisit ton cœur et le gèle. — Non, non, encore une fois non, tu ne viens pas divertir le public mais le fasciner.

Avoue qu'il éprouverait une curieuse impression — ce serait de la stupeur, la panique — s'il arrivait à distinguer clairement ce soir un cadavre marchant sur le fil !

… « Leur froid saisit ton cœur et le gèle »… mais, et c'est ici le plus mystérieux, il faut en même temps qu'une sorte de vapeur s'échappe de toi, légère et qui ne brouille pas tes angles, nous faisant savoir qu'en ton centre un foyer ne cesse d'alimenter cette mort glaciale qui t'entrait par les pieds.

Et ton costume ? À la fois chaste et provocant. C'est le maillot collant du Cirque, en jersey rouge sanglant. Il indique exactement ta musculature, il te gaine, il te gante, mais, du col — ouvert en rond, coupé net comme si le bourreau va ce soir te décapiter — du col à ta hanche une écharpe, rouge aussi, mais dont flottent les pans — frangés d'or. Les escarpins rouges, l'écharpe, la ceinture, le bord du col, les rubans sous le genou, sont brodés de paillettes d'or. Sans doute pour que tu étincelles, mais surtout afin que dans la sciure tu perdes, durant le trajet de ta loge à la piste, quelques paillettes mal cousues, emblèmes délicats du Cirque. Dans la journée, quand tu vas chez l'épicier, il en tombe de tes cheveux. La sueur en a collé une à ton épaule.

La besace en relief sur le maillot, où tes couilles sont enfermées, sera brodée d'un dragon d'or.

Je lui raconte Camilla Meyer — mais je voudrais dire aussi qui fut ce splendide Mexicain, Con Colléano, et comme il dansait ! — Camilla Meyer était une Allemande. Quand je la vis, elle avait peut-être quarante ans. À Marseille, elle avait dressé son fil à trente mètres au-dessus des pavés, dans la cour du Vieux-Port. C'était la nuit. Des projecteurs éclairaient ce fil horizontal haut de trente mètres. Pour l'atteindre, elle cheminait sur un fil oblique de deux cents mètres qui partait du sol. Arrivée à mi-chemin sur cette pente, pour se reposer elle mettait un genou sur le fil, et gardait sur sa cuisse la perche-balancier. Son fils (il avait peut-être seize ans) qui l'attendait sur une petite plate-forme, apportait au milieu du fil une chaise, et Camilla Meyer qui venait de l'autre extrémité, arrivait sur le fil horizontal. Elle prenait cette chaise, qui ne reposait que par deux de ses pieds sur le fil, et elle s'y asseyait. Seule. Elle en descendait, seule... En bas, sous elle, toutes les têtes s'étaient baissées, les mains cachaient les yeux. Ainsi le public refusait cette politesse à l'acrobate : faire l'effort de la fixer quand elle frôle la mort.

— Et toi, me dit-il, qu'est-ce que tu faisais ?

— Je regardais. Pour l'aider, pour la saluer parce qu'elle avait conduit la mort aux bords de la nuit, pour l'accompagner dans sa chute et dans sa mort.

Si tu tombes, tu mériteras la plus conventionnelle oraison funèbre : flaque d'or et de sang, mare où le soleil couchant... Tu ne dois rien attendre d'autre. Le cirque est toutes conventions.

Pour ton arrivée en piste, crains la démarche prétentieuse. Tu entres : c'est une série de bonds, de sauts périlleux, de pirouettes, de roues, qui t'amènent au pied de ta machine où tu grimpes en dansant. Qu'au premier de tes bonds — préparé dans la coulisse — l'on sache déjà qu'on ira de merveilles en merveilles.

Et danse !

Mais bande. Ton corps aura la vigueur arrogante d'un sexe congestionné, irrité. C'est pourquoi je te conseillais de danser devant ton image, et que d'elle tu sois amoureux. Tu n'y coupes pas : c'est Narcisse qui danse. Mais cette danse qui n'est que la tentative de ton corps pour s'identifier à ton image, comme le spectateur l'éprouve. Tu n'es plus seulement perfection mécanique et harmonieuse : de toi une chaleur se dégage et nous chauffe. Ton ventre brûle. Toutefois ne danse pas pour nous mais pour toi. Ce n'était pas une putain que nous venions voir au Cirque, mais un amant solitaire à la poursuite de son image qui se sauve et s'évanouit sur un fil de fer. Et toujours dans l'infernale contrée. C'est donc cette solitude qui va nous fasciner.

Entre autres moments la foule espagnole attend celui où le taureau, d'un coup de corne, va découdre la culotte du torero : par la déchirure, le sang et le sexe. Sottise de la nudité qui ne s'efforce pas à montrer puis à exalter une blessure ! C'est donc un maillot que devra porter le funambule, car il doit être vêtu. Le maillot sera illustré : soleils brodés, étoiles, iris, oiseaux... Un maillot pour protéger l'acrobate contre la dureté des regards, et afin qu'un accident soit possible, qu'un soir le maillot cède, se déchire.

Faut-il le dire ? J'accepterais que le funambule vive le jour sous les apparences d'une vieille clocharde, édentée, couverte d'une perruque grise : en la voyant, on saurait quel athlète se repose sous les loques, et l'on respecterait une si grande distance du jour à la nuit. Apparaître le soir ! Et lui, le funambule, ne plus savoir qui serait son être privilégié : cette clocharde pouilleuse ou le solitaire étincelant ? Ou ce perpétuel mouvement d'elle à lui ?

Pourquoi danser ce soir ? Sauter, bondir sous les projecteurs à huit mètres du tapis, sur un fil ? C'est qu'il faut que tu te trouves. À la fois gibier et chasseur, ce soir tu t'es débusqué, tu te fuis et te cherches. Où étais-tu donc avant d'entrer en piste ? Tristement épars dans tes gestes quotidiens, tu n'existais pas. Dans la lumière tu éprouves la nécessité de l'ordonner. Chaque soir, pour toi seul, tu vas courir sur le fil, t'y tordre, t'y contorsionner à la recherche de l'être harmonieux, épars et égaré dans le fourré de tes gestes familiers : nouer ton soulier, te moucher, te gratter, acheter du savon... Mais tu ne t'approches et ne te saisis qu'un instant. Et toujours dans cette solitude mortelle et blanche.

Ton fil cependant — j'y reviens — n'oublie pas que c'est à ses vertus que tu dois ta grâce. Aux tiennes sans doute, mais afin de découvrir et d'exposer les siennes. Le jeu ne messiéra ni à l'un ni à l'autre : joue avec lui. Agace-le de ton orteil, surprends-le avec ton talon. L'un à l'égard de l'autre, ne redoutez pas la cruauté : coupante, elle vous fera scintiller. Mais toujours surveillez de ne jamais perdre la plus exquise politesse.

Sache contre qui tu triomphes. Contre nous, mais... ta danse sera haineuse.

On n'est pas artiste sans qu'un grand malheur s'en soit mêlé.

De haine contre quel dieu ? Et pourquoi le vaincre ?

La chasse sur le fil, la poursuite de ton image, et ces flèches dont tu la cribles sans la toucher, et la blesses et la fais rayonner, c'est donc une fête. Si tu l'atteins, cette image, c'est la Fête.

J'éprouve comme une curieuse soif, je voudrais boire, c'est-à-dire souffrir, c'est-à-dire boire mais que l'ivresse vienne de la souffrance qui serait une fête. Tu ne saurais être malheureux par la maladie, par la faim, par la prison, rien ne t'y contraignant, sois-le par ton art. Que nous importe — à toi et à moi — un bon acrobate : tu seras cette merveille embrasée, toi qui brûles, qui dure quelques minutes. Tu brûles. Sur ton fil tu es la foudre. Ou si tu veux encore, un danseur solitaire. Allumée je ne sais par quoi qui t'éclaire, te consume, c'est une misère terrible qui te fait danser. Le public ? Il n'y voit que du feu, et, croyant que tu joues, ignorant que tu es l'incendiaire, il applaudit l'incendie.

Bande, et fais bander. Cette chaleur qui sort de toi, et rayonne, c'est ton désir pour toi-même — ou pour ton image — jamais comblé.

Les légendes gothiques parlent de saltimbanques qui, n'ayant pas autre chose, offraient à la Vierge leurs tours. Devant la cathédrale ils dansaient. Je ne sais pas à quel dieu tu vas adresser tes jeux d'adresse, mais il t'en faut un. Celui, peut-être, que tu feras exister pour une heure et pour ta danse. Avant ton entrée en piste, tu étais un homme mêlé à la cohue des coulisses. Rien ne te distinguait des autres acrobates, des jongleurs, des trapézistes, des écuyères, des garçons de piste, des augustes. — Rien, sauf déjà cette tristesse dans ton œil, et ne la chasse pas, ce serait foutre à la porte de ton visage toute poésie ! — Dieu n'existe encore pour personne... tu arranges ton peignoir, tu brosses tes dents... Tes gestes peuvent être repris...

> *L'argent ? Le pognon ? Il faudra en gagner. Et jusqu'à ce qu'il en crève, le funambule doit en palper... D'une façon comme d'une autre, il lui faudra désorganiser sa vie. C'est alors que l'argent peut servir, apportant*

une sorte de pourriture qui saura vicier l'âme la plus calme. Beaucoup, beaucoup de pognon ! Un fric fou ! ignoble ! Et le laisser s'entasser dans un coin du taudis, n'y jamais toucher, et se torcher le cul avec son doigt. À l'approche de la nuit s'éveiller, s'arracher à ce mal, et le soir danser sur le fil.

Je lui dis encore :

— Tu devras travailler à devenir célèbre...

— Pourquoi ?

— Pour faire mal.

— C'est indispensable que je gagne tant de pognon ?

— Indispensable. Sur ton fil de fer tu apparaîtras pour que t'arrose une pluie d'or. Mais rien ne t'intéressant que ta danse, tu pourriras dans la journée.

Qu'il pourrisse donc d'une certaine façon, qu'une puanteur l'écrase, l'écœure qui se dissipe au premier clairon du soir.

... Mais tu entres. Si tu danses pour le public, il le saura, tu es perdu. Te voici un de ses familiers. Plus jamais fasciné par toi, il se rassiéra lourdement en lui-même d'où tu ne l'arracheras plus.

Tu entres, et tu es seul. Apparemment, car Dieu est là. Il vient de je ne sais où et peut-être que tu l'apportais en entrant, ou la solitude le suscite, c'est pareil. C'est pour lui que tu chasses ton image. Tu danses. Le visage bouclé. Le geste précis, l'attitude juste. Impossible de les reprendre, ou tu meurs pour l'éternité. Sévère et pâle, danse, et, si tu le pouvais, les yeux fermés.

De quel Dieu je te parle ? Je me le demande. Mais il est absence de critique et jugement absolu. Il voit ta chasse. Soit qu'il t'accepte et tu étincelles, ou bien il se détourne. Si tu as choisi de danser devant lui seul, tu ne peux échapper à l'exactitude de ton langage articulé, dont tu deviens prisonnier : tu ne peux tomber.

Dieu ne serait donc que la somme de toutes les possibilités de ta volonté appliquées à ton corps sur ce fil de fer ? Divines possibilités !

À l'entraînement, ton saut périlleux parfois t'échappe. Ne crains pas de considérer tes sauts comme autant de bêtes rétives que tu as la charge d'apprivoiser. Ce saut est en toi, indompté, dispersé — donc malheureux. Fais ce qu'il faut pour lui donner forme humaine.

… « un maillot rouge étoilé ». Je désirais pour toi le plus traditionnel des costumes afin que tu t'égares plus facilement en ton image, et si tu veux emporter ton fil de fer, que tous les deux finalement vous disparaissiez — mais tu peux aussi, sur cet étroit chemin qui vient de nulle part et y va — ses six mètres de long sont une ligne infinie et une cage — donner la représentation d'un drame.

Et, qui sait ? Si tu tombes du fil ? Des brancardiers t'emportent. L'orchestre jouera. On fera entrer les tigres ou l'écuyère.

*Comme le théâtre, le cirque a lieu le soir, à l'approche
de la nuit, mais il peut aussi bien se donner en plein jour.*

*Si nous allons au théâtre c'est pour pénétrer dans le
vestibule, dans l'antichambre de cette mort précaire que
sera le sommeil. Car c'est une Fête qui aura lieu à la
tombée du jour, la plus grave, la dernière, quelque chose
de très proche de nos funérailles. Quand le rideau se lève,
nous entrons dans un lieu où se préparent les simulacres
infernaux. C'est le soir afin qu'elle soit pure (cette fête)
qu'elle puisse se dérouler sans risquer d'être interrompue
par une pensée, par une exigence pratique qui pourrait la
détériorer...*

. . . .

*Mais le Cirque ! Il exige une attention aiguë, totale.
Ce n'est pas notre fête qui s'y donne. C'est un jeu
d'adresse qui exige que nous restions en éveil.*

Le public — qui te permet d'exister, sans lui tu n'au-
rais jamais cette solitude dont je t'ai parlé, — le public
est la bête que finalement tu viens poignarder. Ta per-
fection, avec ton audace vont, pour le temps que tu
apparais, l'anéantir.

Impolitesse du public : durant tes plus périlleux
mouvements, il fermera les yeux. Il ferme les yeux quand
pour l'éblouir tu frôles la mort.

Cela m'amène à dire qu'il faut aimer le Cirque et
mépriser le monde. Une énorme bête, remontée des
époques diluviennes, se pose pesamment sur les villes :

on entre, et le monstre était plein de merveilles mécaniques et cruelles : des écuyères, des augustes, des lions et leur dompteur, un prestidigitateur, un jongleur, des trapézistes allemands, un cheval qui parle et qui compte, et toi.

Vous êtes les résidus d'un âge fabuleux. Vous revenez de très loin. Vos ancêtres mangeaient du verre pilé, du feu, ils charmaient des serpents, des colombes, ils jonglaient avec des œufs, ils faisaient converser un concile de chevaux.

Vous n'êtes pas prêts pour notre monde et sa logique. Il vous faut donc accepter cette misère : vivre la nuit de l'illusion de vos tours mortels. Le jour vous restez craintifs à la porte du cirque — n'osant entrer dans notre vie — trop fermement retenus par les pouvoirs du cirque qui sont les pouvoirs de la mort. Ne quittez jamais ce ventre énorme de toile.

Dehors, c'est le bruit discordant, c'est le désordre ; dedans, c'est la certitude généalogique qui vient des millénaires, la sécurité de se savoir lié dans une sorte d'usine où se forgent les jeux précis qui servent l'exposition solennelle de vous-mêmes, qui préparent la Fête. Vous ne vivez que pour la Fête. Non pour celle que s'accordent en payant, les pères et les mères de famille. Je parle de votre illustration pour quelques minutes. Obscurément, dans les flancs du monstre, vous avez compris que chacun de nous doit tendre à cela : tâcher d'apparaître à soi-même dans son apothéose. C'est en toi-même enfin que durant quelques minutes le spectacle te change. Ton bref tombeau nous illumine. À la fois tu y es enfermé et ton image ne cesse de s'en échapper. La merveille serait que vous ayez le pouvoir de vous fixer là, à la fois sur la piste et au ciel, sous forme de constellation. Ce privilège est réservé à peu de héros.

Mais, dix secondes — est-ce peu ? — vous scintillez.

Lors de ton entraînement, ne te désole pas d'avoir oublié ton adresse. Tu commences par montrer beaucoup d'habileté, mais il faut que d'ici peu tu désespères du fil, des sauts, du Cirque et de la danse.

Tu connaîtras une période amère — une sorte d'Enfer — et c'est après ce passage par la forêt obscure que tu resurgiras, maître de ton art.

C'est un des plus émouvants mystères que celui-là : après une période brillante, tout artiste aura traversé une désespérante contrée, risquant de perdre sa raison et sa maîtrise. S'il sort vainqueur...

Tes sauts — ne crains pas de les considérer comme un troupeau de bêtes. En toi, elles vivaient à l'état sauvage. Incertaines d'elles-mêmes, elles se déchiraient mutuellement, elles se mutilaient ou se croisaient au hasard. Pais ton troupeau de bonds, de sauts et de tours. Que chacun vive en bonne intelligence avec l'autre. Procède, si tu veux, à des croisements, mais avec soin, non au hasard d'un caprice. Te voilà berger d'un troupeau de bêtes qui jusqu'alors étaient désordonnées et vaines. Grâce à tes charmes, elles sont soumises et savantes. Tes sauts, tes tours, tes bonds étaient en toi et ils n'en savaient rien, grâce à tes charmes ils savent qu'ils sont et qu'ils sont toi-même t'illustrant.

Ce sont de vains, de maladroits conseils que je t'adresse. Personne ne saurait les suivre. Mais je ne voulais pas autre chose : qu'écrire à propos de cet art un poème dont la chaleur montera à tes joues. Il s'agissait de t'enflammer, non de t'enseigner.

NOTE DE L'ÉDITEUR

Si toute l'œuvre de Jean Genet peut être qualifiée de « poétique », l'auteur de *Notre-Dame-des-Fleurs* et des *Paravents* n'a composé que quelques poèmes, tous écrits dans la première période créatrice de sa vie, entre 1942 et 1947.

C'est en prison, provoqué par des camarades de cellule qui s'essayaient à imaginer de médiocres pièces sentimentales, que Genet rédigea les strophes du *Condamné à mort* et la dédicace en prose à Maurice Pilorge. En prison aussi qu'il écrivit *Marche funèbre, La galère, La parade.* Ces poèmes s'apparentent d'ailleurs à des chefs-d'œuvre de prisonniers, dont la seule possibilité est de fabriquer des ex-voto ou de construire un bateau toutes voiles dehors dans une bouteille.

Une différence majeure s'impose pourtant, qui tient à l'époustouflante maîtrise de Genet quant au maniement de la langue et à la faculté qu'il semble avoir de versifier comme en se jouant. Le voyou entend, et il l'a souvent proclamé, user de tout l'attirail classique et de toutes les séductions afférentes, afin d'en pervertir plus radicalement les valeurs et les pompes. La grâce qui hante les poèmes de Genet est celle d'un ange qui s'est volontairement dévoyé. D'où le charme trouble et violent, la fascination séditieuse et irrécupérable qui émanent de ces pages.

Cette édition des poèmes de Jean Genet inclut *Le funambule,* magnifique texte, véritable poème en prose, qui trouve ici sa place, comme en point d'orgue de l'œuvre poétique. Œuvre qui, comme il se doit pour toute création clandestine, garde encore une part de mystère. C'est pourquoi nous donnons quelques textes publiés anonymement en 1945 et qui sont très vraisemblablement de Jean Genet bien qu'il ne les ait jamais explicitement revendiqués.

*

Le condamné à mort est paru pour la première fois hors commerce à Fresnes en septembre 1942. Il a été repris avec *Marche funèbre* en 1945 dans *Chants secrets* aux éditions de L'Arbalète. *La galère* est paru pour la première fois en 1947 chez Jacques Loyau (illustré de 6 eaux-fortes de Léonor Fini). Le recueil *Poèmes* regroupant *Le condamné à mort*, *Marche funèbre*, *La galère*, *La parade*, *Un chant d'amour* et *Le pêcheur du Suquet* est paru en 1948 aux éditions de L'Arbalète. *Le funambule* est paru en 1958 aux mêmes éditions, dans le même volume que *L'atelier d'Alberto Giacometti*.

Quant aux « poèmes retrouvés » attribués à Genet, ils ont été tirés sur une presse à bras le 3 avril 1945 et figurent dans un ouvrage intitulé *Vingt lithographies pour un livre que j'ai lu*, les lithographies étant sans doute dues à Roland Caillaux.

Pour les deux premiers poèmes (*Le condamné à mort* et *Marche funèbre*), nous suivons le texte paru en 1945 dans *Chants secrets*. Pour les quatre autres, nous suivons l'édition originale des *Poèmes* parue en 1948, ignorant dans quelle mesure l'auteur a contrôlé les rééditions postérieures. Enfin, le texte du *Funambule* est conforme à celui des *Œuvres complètes* (Gallimard, t. 5, 1979).

ŒUVRES DE JEAN GENET
1910-1986

Aux Éditions Gallimard

HAUTE SURVEILLANCE.

JOURNAL DU VOLEUR.

LETTRES À ROGER BLIN.

UN CAPTIF AMOUREUX.

FRAGMENTS... ET AUTRES TEXTES.

ŒUVRES COMPLÈTES

LA SENTENCE *suivi de* J'ÉTAIS ET JE N'ÉTAIS PAS.

Dans la collection L'Art et l'Écrivain

REMBRANDT.

Dans la collection Folio

JOURNAL DU VOLEUR.

NOTRE-DAME-DES-FLEURS.

MIRACLE DE LA ROSE.

LES BONNES.

LE BALCON.

LES NÈGRES.

LES PARAVENTS.

HAUTE SURVEILLANCE (nouvelle version).

UN CAPTIF AMOUREUX.

L'ENNEMI DÉCLARÉ (*textes et entretiens choisis*).

Dans la collection Folio théâtre

LES PARAVENTS.

LES BONNES.

LE BALCON.

LES NÈGRES.

HAUTE SURVEILLANCE.

LE BAGNE.

SPLENDID'S *suivi de* « ELLE ».

Dans la collection L'Imaginaire

POMPES FUNÈBRES.

QUERELLE DE BREST.

Dans la collection L'Arbalète

L'ATELIER D'ALBERTO GIACOMETTI.

LE FUNAMBULE.

LETTRES À IBIS.

L'ENFANT CRIMINEL.

REMBRANDT.

Dans la collection Le Cabinet des lettrés

LETTRES AU PETIT FRANZ.

Dans la Bibliothèque de la Pléiade

THÉÂTRE COMPLET.

DERNIÈRES PARUTIONS

Ce volume,
le trois cent trente-deuxième de la collection Poésie
a été achevé d'imprimer sur les presses
de l'imprimerie Novoprint,
le 8 novembre 2021.
Dépôt légal : novembre 2021
1ᵉʳ dépôt légal dans la collection : mars 1999

ISBN 978-2-07-040787-3/. Imprimé en Espagne.

433606